Entre quatro paredes

Entre quatro paredes

Jean-Paul Sartre

Entre quatro paredes

Tradução de
Alcione Araújo e
Pedro Hussak

11ª edição

CIVILIZAÇÃO BRASILEIRA

Rio de Janeiro
2025

Copyright © Editions Gallimard, 1947

Título original: *Huis Clos*

Todos os direitos reservados. É proibido reproduzir, armazenar ou transmitir partes deste livro, através de quaisquer meios, sem prévia autorização por escrito.

Texto revisado segundo o novo Acordo Ortográfico da Língua Portuguesa.

Direitos desta edição adquiridos pela
EDITORA CIVILIZAÇÃO BRASILEIRA
Um selo da
EDITORA JOSÉ OLYMPIO LTDA.
Rua Argentina, 171 — Rio de Janeiro, RJ — 20921-380 —
Tel.: (21) 2585-2000.

Seja um leitor preferencial Record.
Cadastre-se no site www.record.com.br
e receba informações sobre nossos lançamentos e nossas promoções.

Atendimento e venda direta ao leitor:
sac@record.com.br

CIP-BRASIL. CATALOGAÇÃO NA PUBLICAÇÃO
SINDICATO NACIONAL DOS EDITORES DE LIVROS, RJ

S261e 11. ed.	Sartre, Jean-Paul, 1905-1980 Entre quatro paredes / Jean-Paul Sartre ; tradução Alcione Araújo, Pedro Hussak. – 11. ed. – Rio de Janeiro : José Olympio, 2025. 144 p.
	Tradução de: Huis Clos ISBN 978-65-5802-063-9
	1. Ficção francesa. I. Araújo, Alcione. II. Hussak, Pedro. III. Título.
22-75987	CDD: 843 CDU: 82-3(44)

Gabriela Faray Ferreira Lopes – Bibliotecária – CRB-7/6643

Impresso no Brasil
2025

A esta senhora

Sumário

O inferno segundo Sartre, por Miguel Sanches Neto   9

Personagens   *29*
Entre quatro paredes   *31*

O inferno segundo Sartre

Miguel Sanches Neto

Em um escritor comprometido com os destinos humanos como foi Jean-Paul Sartre, o teatro acabou se revelando uma possibilidade de interferir de forma mais ampla no tempo presente. Depois de ter passado pelos ensaios filosóficos e pelo romance, ele concentra seu esforço criativo, em um instante-chave de afirmação de sua obra e biografia, em peças que rapidamente se tornaram referências da moderna literatura ocidental: *As moscas* (1943), *Entre quatro paredes* (1944), *Mortos sem sepultura* (1946), *A prostituta respeitosa* (1946), *As mãos sujas* (1948), *O Diabo e o bom Deus* (1951), entre outras. Nos personagens teatrais, encontrava veículo mais universal para questões propostas pelo existencialismo, corrente filosófica da qual foi figura proeminente.

Isso não significa que tais peças façam sentido apenas dentro desse sistema de pensamento; como obras de arte, funcionam sozinhas, e a prova de tal independência é que continuam sendo encenadas com grande sucesso para públicos contemporâneos, quando o existencialismo tornou-se prestigioso verbete do *Dicionário de termos filosóficos*. Toda grande obra nasce de uma circunstância e, ao mesmo tempo, contra essa circunstância. Sua vitalidade reside no fato de condensar poderoso material humano, carregado de sentidos abertos.

Produzida e encenada no fim da Segunda Guerra Mundial, *Entre quatro paredes* carrega as marcas do período, sem se render a sentidos estritamente históricos. Se mudássemos a biografia dos personagens, desde que mantidas as tensões, eles continuariam com o poder de nos fazer compreender o mundo, principal função da literatura.

O texto começa em seu subtítulo: *Peça em um ato*. Aqui está um dado estrutural importante. O ato único permite que Sartre transmita ao espectador a ideia de uma temporalidade contínua. Não pode haver interrupção porque os personagens estão sob o signo da ausência da noite, do intervalo e do descanso. O primeiro a entrar em cena é Garcin, literato e jornalista que vai descobrindo as singularidades do espaço que lhe foi destinado. Trata-se de um território reduzido ao mínimo material, onde não se encontram, entre outras coisas, camas, pois ali não se dorme nunca. Nesse momento inicial, revela-se o castigo aos condenados: terão que viver "a vida sem interrupção". Os habitantes desse outro lado são seres que não conhecem nenhuma pausa. Dirigindo-se ao criado que o conduz, Garcin percebe que seus olhos não se movem, decifrando essa outra temporalidade: "(...) suas pálpebras. A gente abria e fechava; isso se chamava piscar. Um pequeno clarão negro, um pano que cai e se levanta, e aí está a interrupção. O olho fica úmido, o mundo desaparece. Você nem imagina o alívio. Quatro mil repousos em uma hora. Quatro mil pequenas fugas". A comparação entre piscar e cair o pano é significativa e explicita a opção técnica pelo ato único.

A metáfora mostra que nesse novo espaço o homem não pode se desligar, o tempo funciona como um dia artificial e interminável. Garcin observa que é impossível apagar a luz por inexistirem interruptores. Essa descoberta produz um comentário que desnuda a relação entre a claridade externa e a interna, centro da peça: "Vai ser sempre dia diante dos meus olhos. E na minha cabeça." O homem conviverá diuturnamente consigo mesmo, com um eu interior fadado ao sofrimento, definido como um fantasma de sofrimento. Tal sentido determina a extensão sem fim de *Entre quatro paredes*. Quando acaba o tempo real da fruição da peça e cai o pano, o tempo da narrativa não se conclui. A última frase é proferida por Garcin como maldição: "Pois bem, continuemos." Findou o espetáculo para o público ou para o leitor, mas os personagens estão condenados ao tempo contínuo, em que nem mesmo um piscar de pálpebras lhes é permitido.

Estamos no inferno moderno criado por Sartre, em que os aparatos simbólicos tradicionais foram aposentados. A região infernal não é lugar sórdido, tem a forma de um salão do Segundo Império, espaço propício para a convivência convencional. Desapareceu a figura do Diabo, representado por um serviçal lacônico que apenas conduz os condenados ao salão em que queimarão — não no fogo eterno, mas na luz da própria consciência.

Eternamente iluminado, o inferno não tem regiões sombrias. Pelo calor insuportável e pela falta de janelas, ele se assemelha à imagem tradicional do inferno: quente e sufocante. Mas não haverá castigos físicos nem um torturador oficial.

O salão é pequeno e mobiliado com móveis em dissonância com os novos moradores. O estilo Segundo Império é falso, denunciando-se na lareira posta em um lugar sempre quente. Referência irônica às chamas infernais, pois nunca será usada, a lareira dorme como sinal da obsolescência dos velhos símbolos.

Garcin é o literato e jornalista sem senso de fineza, acostumado ao ambiente desordenado e masculino do jornal. Ele se sente agredido pelo ambiente, principalmente pela estátua de bronze sobre a lareira, imagem solene de um herói que, saberemos depois, faz com que ele fique pensando permanentemente em seu crime. Dentro desse quadro composto pelo mobiliário, Garcin revive a situação de deslocamento que marcou sua vida entre os homens: "De mais a mais, sempre vivi com móveis de que eu não gostava, e em situações falsas; eu adorava isso. Uma situação falsa numa sala de jantar estilo Luís Felipe, que tal?" O inferno é visto como continuação da vida do outro lado, onde também havia uma fissura entre seu espaço (social e profissional) e o homem que ele foi.

Superado esse primeiro estranhamento, ele passa a sofrer outros. Sente falta dos objetos cotidianos. Ao não encontrar ali elementos como estacas, grelhas e foles de couro, começa a perceber o sentido daquele lugar, em que são retiradas dos homens as coisas que os protegem com a couraça do hábito. Reclama então da falta de espelhos, janelas e escova de dentes. No espelho, o homem busca a confirmação da imagem que faz de si mesmo, de sua identidade. A ausência de janelas determina a perda do contato com o externo, a necessidade de viver em função não mais do mundo, mas de suas paisagens mentais; a escova de dentes faz parte dos instrumentos de higiene que nos tornam suportáveis a nossos companheiros.

É deixado sozinho até a chegada da segunda companheira, a lésbica Inês, que tem a favor dela sua condição de condenada. Ela sabe exatamente por qual razão está ali, ao contrário dos demais, que ocultam os crimes.

Por causa de seu longo convívio com a maldade, Inês reconhece em Garcin o carrasco: ele tem os olhos amedrontados dos que torturam. Ela chega lembrando de sua companheira Florence e volta ao tema do espelho, que vai ser uma das metáforas centrais da peça. A falta do espelho é sentida por todos. Inês encontrava no espelho a crueldade que a distinguia e que ela põe em prática no inferno: é agressiva em todos os diálogos, levando Garcin, o rude literato, a exigir um relacionamento mais polido, para que pudessem defender suas identidades.

Assim, Inês acaba como espelho cruel para Garcin, desvelando suas profundezas. Ela é o outro que o analisa e julga, colocando-o em crise. Para Garcin, Inês terá apenas olhos críticos. A terceira "cliente" (segundo a terminologia do criado) é a fútil Estelle, que cria um problema de ordem estética. Dos três canapés (substitutos da cama), restou-lhe o que não combina com sua roupa. Ela é toda superfície: "(...) esses canapés são horríveis. E olha a disposição deles, parece que estou visitando minha tia Marie no ano-novo (...). É que não poderia nunca me sentar nele, seria uma catástrofe: eu estou de azul-claro, e ele é verde-espinafre." O mundo ordenado desfez-se e Estelle se sente questionada pela falta de bom gosto.

Inês oferece seu canapé, mas ele também não combina, por ser bordô. O único aceitável é o de Garcin, da cor azul, e ele acaba fazendo a troca com a nova hóspede. Nesse jogo de assentos, serão definidas as disputas entre eles, pois Inês se apaixona por Estelle e se sente enciumada pelo fato de ela ter escolhido o outro canapé. É o começo do conflito grupal. Atormentado com a própria vida,

Garcin jamais se imaginara destinado ao inferno e não manifesta interesse pela nova inquilina. Seguindo sua rudeza de linguagem, nomeia a todos como mortos.

Querendo manter a fineza de sempre, Estelle se horroriza e propõe palavra menos crua, mais harmoniosa, chamando o grupo de "os ausentes". Inês, no entanto, escancara a marca coletiva, lembrando que todos ali guardam uma natureza em comum que, aos poucos, vai sendo revelada. Ela diz: "aqui estamos 'entre nós'", depois de ter percebido que o salão foi minuciosamente preparado para recebê-los. Embora não combine com a postura dos personagens, a decoração serve para colocá-los em posição de combate. Súbito emerge o que os une. São assassinos, segundo a dedução de Inês. Mas Estelle prefere acreditar que estão ali por engano, dadas as diferenças de superfície. A história põe em funcionamento o mecanismo da descoberta das semelhanças profundas.

Embora já tenham passado por pequenas crises de desmascaramento, ainda não foi revelada a natureza hedionda de suas ações pretéritas. Estelle, para reverter o processo de desnudamento de seu eu interior, recorre à tentativa de recuperar sua aparência, exigindo de Garcin um espelho: "Um espelho, um espelhinho de bolso, qualquer um?" Mas não restaram tais objetos, e ela sofre mais uma perda: "Quando eu não me vejo, preciso me apalpar pra saber se estou existindo mesmo." Ela é todo exterior, dependente da própria imagem, que a livra do naufrágio em sua interioridade. Na expectativa de reter a imagem construída para uso social, ela aceita a oferta de Inês, que se aproxima e deixa que a outra use seus olhos apaixonados como superfície refletora: "Olha dentro de meus olhos: você consegue se ver? (...) Nenhum espelho vai ser mais fiel do que eu." Esse espelho humano, de uma mulher atormentada, como Inês reconhece em certo momento, assusta Estelle, que se insinua ao único homem. A derradeira chance de não perder sua identidade externa é despertar o amor masculino e epidérmico. O amor profundo e sombrio de Inês, por ser perigoso, empurra-a para Garcin.

O inferno é um espaço em que o conflito desencadeia o reencontro com forças ocultas em cada um dos condenados. Garcin sofre com a estátua, anúncio eterno do herói que ele não foi. Estelle, com a perda gradativa de sua condição de imagem congelada, que a tornava estátua social. E Inês funciona como espelho deformador para os outros e para si mesma. Dessa forma, os cristais passivos dos espelhos são substituídos pelo olhar sempre crítico do outro, por sua presença constante e impiedosa, não podendo haver maneira de se afastar dele, pois o inferno é o espaço pequeno de uma cela de prisão. Tirando o criado, cuja participação é secundária, o inferno é composto do número três. Simbolicamente, o dois é o número par por excelência, nele pode haver comunhão, conjugação. O um: número da solidão, da paz alcançada pela renúncia e pelo sofrimento. O três representa as arestas que ferem, mas que também promovem a mudança.

O três instaura o triângulo, polígono em que os ângulos são mais agudos, em que os pontos mais se distanciam do núcleo circular, símbolo da harmonia convencional, desejada por Estelle. Em um momento de irritação com os atritos que já se desencadearam, ela faz a interpretação do lugar em que estão, que é também a interpretação das posições assumidas pela tríade: "Tudo aqui é tão feio, tão duro, tão anguloso! Eu detestava os ângulos." E agora cada membro do grupo é uma ponta pronta para ferir.

Mulherengo que maltratava a esposa, Garcin funcionou como carrasco dela, embora, na vida pública, atuasse num jornal pacifista. A sua imagem exterior estava em conflito com a doméstica.

Ele foge quando precisa passar da escrita para a ação militar e acaba sendo fuzilado como desertor, o que deixa transparecer sua natureza oculta. Desfaz-se a condição de herói da palavra. Ele é o personagem principal do grupo, o primeiro que entra em cena e o último a falar, pois Sartre estava interessado em ressaltar a necessidade de engajamento político do escritor, cuja menor omissão, numa época de tantos crimes, seria criminosa. Ele vai tratar diretamente desse assunto no ensaio *O que é literatura?* (1948), em que pensa o escritor como um ser destinado a contestar para construir, sempre usando uma linguagem clara, com alargamento sintético.

Estelle, ficaremos sabendo, matou o filho, nascido de um relacionamento extraconjugal, para salvar sua reputação. Tendo casado por interesse, seduzia seus amantes apenas por vaidade, buscando nos homens os olhos que a desejassem e confirmassem sua personalidade. Sua existência está na ordem da aparência: "Eu me via como as pessoas me viam." Ela então tem que continuar sendo contemplada pelos outros para poder ter uma autoimagem positiva. A futilidade e a farsa serão suas armas para garantir uma postura salvadora de si própria. Não aceita a menor sombra nesse retrato social pré-formatado. Por isso, quer conquistar Garcin, que lhe devolveria a máscara protetora.

Desde o início, é Inês quem assume a condição de assassina, não recuando diante da condenação por ter sempre cultivado regiões de sombra, em uma renúncia de qualquer projeto de pacificação. Garcin havia proposto anular o olhar dos companheiros ("Cada um vai tratar de esquecer a presença dos outros"), mas ela se rebela: "Eu quero é escolher o meu inferno; quero te olhar com todos os olhos e lutar de cara limpa." Polo desestabilizador do grupo, cria as divergências que não permitem a manutenção de falsas dignidades, nublando tanto a imagem de Estelle quanto a de Garcin.

Com uma sexualidade fora das normas, Inês é o *tertius*, ponta elevada do triângulo, que perturba a horizontalidade dos outros dois lados por sua força transformadora. Estelle e Gardin unem-se contra a inimiga e depois vão tentar fugir, mas ela adquire um conhecimento em profundidade sobre eles e exerce, por isso, um poder que os paralisa.

Inês é a própria representação do número três. Na outra vida, vivia uma relação poligonal, tendo provocado a morte de seu primo, com quem dividia o amor de Florence. Primeiro, seduziu a mulher e depois fez com que ela visse o marido por seus olhos perversos, levando o relacionamento ao desfecho trágico, em que Florence, atormentada pelo pecado, prepara a morte de ambas. Ela se mantém ainda como polo corruptor, restaurando a tensão tríplice da vida terrena. Não passa por uma condenação moralista, ao contrário, o *tertius* entra para problematizar, desfazendo as platitudes.

Sem nenhuma janela, o salão, visto como quatro paredes fechadas, com uma única porta que dá para corredores desconhecidos e, por isso, evitados, desencadeia um processo de abertura de brechas mágicas para a vida terrena. Quanto maior a tensão, mais propícia a situação para o personagem acompanhar o que acontece no lugar de onde veio. Há uma vidência de transe, que faz com que ele narre o que está passando com os seus. Garcin angustia-se com o que falam dele. Inês não se conforma que o seu quarto seja alugado a um casal feliz. Estelle vê a amiga desmascarando-a diante do ex-amante, que acreditava em sua pureza. Esses pontos de contato com o lado de lá serão estopins do processo de desnudamento de cada personagem.

Aos poucos, eles vão falando de suas atitudes e passam a narrar os atos de vileza que fizeram com que, depois de mortos, acabassem no salão dos assassinos. Começa um encadeamento de pequenas catarses, que vêm aos poucos, pois ainda tentam controlar a devassa na própria intimidade.

Inicialmente, Estelle se revolta com Garcin, rústico o bastante para querer ficar apenas de camisa diante de damas. Ela o acha antissocial e agressivo. Mas seu desejo de controle torna-se vão. É impossível interromper o desmoronamento dos muros, e logo cada um sabe exatamente quem é o outro. Estelle compreende então que não há mais o que esconder, autorizando o jornalista a pôr-se à vontade: "Você pode ficar só de camisa. Agora..." Esse "agora" e as reticências marcam a situação irreversível da intimidade adquirida. Garcin acha a metáfora definidora do novo estágio: eles estão "nus como minhocas". Estar nu já é aviltante, mas o termo de comparação torna a nudez ainda mais simbólica, pois a minhoca não carece apenas de pelos, membros, escamas ou qualquer outro detalhe protetor, ela tem a pele transparente e deixa visível seu interior. É a nudez máxima. Garcin chega depois a outra metáfora, mais humana: "(...) estamos nus. Nus até o osso, e eu te conheço até seu último fio de cabelo". O olhar do outro, recusando a passividade do espelho que apenas reproduz, descarna a todos. (...) "cada um de nós é o carrasco dos outros dois", diz Inês. Estelle ainda insiste em fazer o papel de boa menina, implorando a admiração que a redimiria dos próprios crimes. Garcin, no entanto, por ter convivido intensamente com ela, não pode mais nutrir sentimentos de afeto: "Eu não vou te amar: eu te conheço demais pra isso" — criou-se uma relação de mútuo pertencimento. Não há como fugir. E quando ele resolve fingir o amor, que seria um descanso naquele tormento psicológico, é ridicularizado por Inês: "O amor é bom, né, Garcin? É morno e profundo como o sono. Mas eu vou te impedir de dormir." Novamente, a continuidade temporal.

As janelas de comunicação com o outro mundo criam outras janelas, que deixam ver a paisagem interior de cada personagem, igualando-os pela condição de assassinos, cada um à sua maneira.

Enquanto eles discutem no salão, no longo e infindável dia, num tempo que se iguala ao da leitura, a vida passa rapidamente no mundo que eles deixaram. Tudo é acelerado demais no plano terreno, com o qual se comunicam nesses transes. Os meses vão se sucedendo e Garcin vê a esposa morrer de desgosto.

Os dois universos se afastam e isso cria novo sentimento de orfandade, muito mais profundo do que nos primeiros momentos, quando eles observavam os parentes e amigos em seu trabalho de luto. Vão ficar sozinhos, perdendo todo o contato com o mundo, no qual não serão sequer lembrança, nem boa nem má, pois aqueles que os conheciam já se foram.

Assim, a eternidade é marcada por um tempo viscoso, lento, difícil de passar, porque circunscrito a um espaço mínimo e ao convívio com o inimigo que é um igual. Garcin não consegue fugir e aceita o convívio com quem o reconhece, sentindo essa nova solidão: "Acabou: agora está arquivado; eu não sou mais nada na Terra, nem mesmo um covarde. Inês, aqui estamos sozinhos: não há mais ninguém além de vocês duas pra pensar em mim." Ele tenta convencer Inês de que não é um covarde. Apenas ela, feita da mesma matéria, pode salvá-lo de seu crime, aceitando suas justificativas. Mas o desertor não terá esse conforto.

Ao voltar-se para Estelle, na esperança de um perdão mútuo, ambos acabam nus diante da opositora: "Garcin, o covarde, tem nos seus braços Estelle, a infanticida (...). Estou vendo vocês, estou vendo; sozinha sou uma multidão, a multidão." A mudança do artigo indefinido para o artigo definido sugere que Inês assumiu o papel de toda a multidão extinta e passou a ser o grande carrasco. A multidão os fita pelos olhos de Inês, e também os julga, repetindo seus crimes.

Há uma tentativa de assassinar Inês/multidão, mas depois da morte não se morre mais. Eles ficarão juntos para sempre. O castigo infernal é esse convívio de pessoas que perderam suas proteções, de seres cuja consciência aflorou brutal, de tal forma que nada pode ser escondido. Chegamos ao ápice da peça, momento em que Garcin, vencido em sua tentativa de esquivar-se, rende-se à lógica de seu novo e definitivo estado: "(...) enxofre, fornalhas, grelhas... Ah! Que piada. Não precisa de nada disso: o inferno são os Outros." Essa é a frase mais conhecida de Sartre, com uma significação muito forte. O criminoso viverá sem sossego diante do tribunal eterno, obrigado a conviver com o seu lado polvo, pantanoso, mole. Nunca será a estátua, fadado ao permanente movimento dentro de sua consciência movediça, inquieta e atormentada. O criminoso jamais poderá esquecer-se, o inferno sendo a lucidez infinita, convocada permanentemente pelo espelho perverso do outro que força a travessia do *mim* para o *mim mesmo*.

Entre quatro paredes
foi representada pela primeira vez no Teatro
do Vieux-Colombier em maio de 1944.

PERSONAGENS

INÊS
ESTELLE
GARCIN
CRIADO

Entre quatro paredes

Peça em um ato

Entre quatro paredes

(Yeon em fim: vhuv)

CENA I
GARCIN, CRIADO

*Um salão estilo Segundo Império. Uma
estátua de bronze sobre a lareira.*

GARCIN *(Entra e dá uma olhada ao redor.)*
Então, é aqui.

CRIADO

É aqui.

GARCIN

É assim...

CRIADO

É assim.

GARCIN

É... com o tempo a gente acaba se acostumando com
os móveis.

CRIADO

Depende da pessoa.

GARCIN

Todos os quartos são iguais?

CRIADO

Pensa bem: chegam aqui chineses e hindus. O que você acha que eles fariam com uma poltrona estilo Segundo Império?

GARCIN

E eu, o que quer que eu faça com ela? Você sabe quem eu era? Esquece, isso não tem a menor importância. De mais a mais, sempre vivi com móveis de que eu não gostava, e em situações falsas; eu adorava isso. Uma situação falsa numa sala de jantar estilo Luís Felipe, que tal?

CRIADO

Você vai ver que em um salão estilo Segundo Império também não é nada mau.

GARCIN

Bom, bom, bom. *(Ele olha em volta.)* Ainda assim, eu não estava esperando... Você sabe o que as pessoas falam do lado de lá, né?

CRIADO

Sobre o quê?

GARCIN

Bem... *(Com um gesto vago e amplo.)* Sobre tudo isso.

CRIADO

Como é que você pode acreditar nessas besteiras? Gente que nunca botou os pés aqui. Porque se tivessem vindo...

GARCIN

É.

Os dois riem.

GARCIN *(Ficando sério de repente.)*
Cadê as estacas?

CRIADO

O quê?

GARCIN

As estacas, as grelhas, os foles de couro?

CRIADO

Você está de brincadeira?

GARCIN *(Olhando para ele.)*

Não, não. Eu não estou de brincadeira. *(Silêncio. Anda pela sala.)* Sem espelhos nem janelas, é claro. Nada de quebrar. *(Com uma violência súbita:)* E por que tiraram a minha escova de dentes?

CRIADO

Olha a dignidade humana voltando. Isso é fantástico.

GARCIN *(Encolerizado, batendo no braço da poltrona.)*

Me poupe das suas intimidades. Sei qual é a minha posição, mas não admito que você...

CRIADO

Desculpa! Desculpa. Também, o que você quer? Os clientes mal entram aqui e fazem logo a mesma pergunta: "Cadê as estacas?" Nesta hora, eu juro, eles nem pensam em ir ao banheiro. Quando se acalmam, ganham a escova de dentes. Mas, pelo amor de Deus, será que dá pra parar e pensar um pouco? Eu pergunto: *por que* você escovaria os dentes aqui?

GARCIN *(Mais calmo.)*

É, tem razão, por quê? *(Ele olha ao redor.)* E por que a gente se olharia nos espelhos? Agora, a estátua de bronze, quem sabe...? Acho que no momento certo eu devoraria com os olhos. Devoraria com os olhos, você entende? Vamos, vamos, não há nada pra esconder; já disse que sei qual é a minha posição. Quer que eu diga o que acontece aqui? O cara se sufoca, fica soterrado, afogado, apenas com os olhos fora da água, e o que é que ele vê? Uma estátua de bronze. Que pesadelo! Vamos, com certeza te proibiram de responder, eu não insisto. Mas lembre-se de que não me pegaram desprevenido, não venha contar vantagem de que me surpreendeu; encaro a situação. *(Começa a andar.)* Então, nada de escova de dentes. Nada de cama também. A gente não dorme nunca, é isso?

CRIADO

É isso...

GARCIN

Era minha aposta. *Por que* a gente iria dormir? O sono vem chegando por trás das orelhas, você sente os olhos se fechando; mas por que dormir? A gente se estira no canapé e pfff... o sono se evapora. A gente esfrega os olhos, levanta e começa tudo de novo.

CRIADO

Quanta imaginação!

GARCIN

Cala a boca! Não vou gritar, não vou gemer, quero encarar a situação. Não quero que ela me salte por trás e me pegue desprevenido. Imaginação? Então, a gente não precisa mesmo de sono? Por que dormir se a gente não tem sono? Perfeito. Espera... Espera: por que é um castigo? Por que isto é necessariamente um castigo? Já sei: é a vida sem interrupção.

CRIADO

Que interrupção?

GARCIN *(Imitando-o.)*

Que interrupção? *(Desconfiado.)* Olha pra mim. Olha pra mim. Eu estava certo! Isso explica a indiscrição grosseira e insuportável do seu olhar. Estou falando sério, elas estão atrofiadas.

CRIADO

Do que está falando?

GARCIN

Das suas pálpebras. A gente abria e fechava; isso se chamava piscar. Um pequeno clarão negro, um pano que cai e se levanta, e aí está a interrupção. O olho fica úmido, o mundo desaparece. Você nem imagina o alívio. Quatro mil repousos em uma hora. Quatro mil pequenas fugas. E quando digo quatro mil... Então, vou ter que viver sem pálpebras? Não se faça de bobo. Sem pálpebras, sem sono, é tudo a mesma coisa. Nunca mais vou dormir... Mas como é que eu ia me aguentar? Tenta compreender, faz um esforço: eu sou muito implicante. Veja você, tenho o costume de implicar até comigo mesmo. Mas agora... agora não posso ficar implicando sem parar: do lado de lá, havia as noites. Eu dormia. Tinha o sono leve, mas, em compensação, tinha sonhos simples. Era um campo... um campo, só isso. Sonhava que estava passeando por ele. É de dia?

CRIADO

Você pode ver, as lâmpadas estão acesas.

GARCIN

Caramba. *Esse* que é o dia de vocês. E lá fora?

CRIADO *(Estupefato.)*

Lá fora?

GARCIN

É, lá fora! Do outro lado destas paredes?

CRIADO

Há um corredor.

GARCIN

E no final desse corredor?

CRIADO

Outros quartos e outros corredores e escadas.

GARCIN

E depois?

CRIADO

É tudo.

GARCIN

Você deve ter um dia de folga, né? Aonde você vai?

CRIADO

Visitar meu tio, que é o chefe dos criados, no terceiro andar.

GARCIN

Devia ter desconfiado. Cadê o interruptor?

CRIADO

Não tem.

GARCIN

Quer dizer que não dá pra apagar a luz?

CRIADO

A direção pode cortar a energia. Mas não me recordo de que ela tenha feito isso neste andar. Temos eletricidade de sobra.

GARCIN

Muito bem. Então a gente tem que viver de olhos abertos...

CRIADO *(Irônico.)*

Viver...

GARCIN

Você não vai ficar de sacanagem comigo por causa de uma questão de vocabulário. Olhos abertos. Pra sempre. Vai ser sempre dia diante dos meus olhos. E na minha cabeça. *(Pausa.)* Se eu bater com a estátua de bronze na lâmpada, será que ela apaga?

CRIADO

Olha que é pesada.

GARCIN *(Pega a estátua de bronze e tenta levantá-la.)*

Você tem razão. É pesada pra burro.

Silêncio.

CRIADO

Bem, se você não precisa mais de mim, vou embora.

GARCIN *(Sobressaltado.)*

Você vai embora? Então, tchau. *(O criado vai até a porta.)* Espera. *(O criado se vira.)* Aquilo ali é uma campainha? *(O criado faz um sinal afirmativo.)* Eu posso tocar quando quiser e você vai ser obrigado a me atender?

CRIADO

Em princípio, sim. Mas ela tem lá seus caprichos. Às vezes não funciona.

Garcin vai até a campainha e aperta o botão. Ela toca.

GARCIN

Funciona!

CRIADO *(Espantado.)*

Funciona. *(Ele também a aperta.)* Mas não se entusiasme, isso não vai durar. Bem, às suas ordens...

GARCIN *(Faz um gesto para retê-lo.)*

Eu...

CRIADO

Sim.

GARCIN

Não, nada. *(Ele vai até a lareira e pega a espátula para cortar papel.)* O que é isto?

CRIADO

Você está vendo: uma espátula para cortar papel.

GARCIN

Há livros por aqui?

CRIADO

Não.

GARCIN

Então pra que ela serve? *(O criado dá de ombros.)* Tudo bem. Pode ir.

O criado sai.

CENA II
GARCIN

Sozinho, Garcin vai até a estátua de bronze e passa a mão sobre ela. Senta-se. Levanta-se. Vai até a campainha e aperta. Ela não toca. Tenta mais duas ou três vezes, mas não adianta. Vai então até a porta e tenta abri-la, mas ela resiste. Chama.

GARCIN

Ô criado! Ô criado!

*Nenhuma resposta. Dá pancadas na porta
com os punhos fechados chamando o criado.
Depois se acalma de repente e se senta de novo.
Nesse momento, a porta se abre e Inês entra,
acompanhada pelo criado.*

CENA III
GARCIN, INÊS, CRIADO

CRIADO *(Para Garcin.)*

Me chamou?

Garcin vai responder, mas dá uma olhada em Inês.

GARCIN

Não.

CRIADO *(Voltando-se para Inês.)*

Sinta-se em sua casa, senhora. *(Silêncio de Inês.)* Se
quiser me perguntar alguma coisa... *(Inês fica calada.*

O criado, decepcionado.) Geralmente, os clientes gostam de fazer perguntas... Bem, não insisto mais. Aliás, sobre a escova de dentes, a campainha e a estátua de bronze, o cavalheiro está a par e pode lhe responder tão bem quanto eu.

Ele sai. Garcin não olha para Inês. Inês olha em volta e depois se dirige bruscamente a Garcin.

INÊS

Cadê a Florence? *(Silêncio de Garcin.)* Você tem que me dizer, cadê a Florence?

GARCIN

Eu não sei do que você está falando.

INÊS

Isso é tudo que você conseguiu pra me castigar? A tortura pela ausência? Se deu mal. Florence era uma pobre idiota, e eu não tenho pena dela.

GARCIN

Perdão: por quem a senhora está me tomando?

INÊS

O senhor? O senhor é o carrasco.

GARCIN *(Espanta-se e depois começa a rir.)*

Realmente, esse engano é muito engraçado. O carrasco? De verdade? Claro, a senhora entrou, me olhou e pensou: é o carrasco. Que coisa louca! Esse cara é mesmo um imbecil, tinha que nos apresentar um ao outro. Carrasco! Eu sou Joseph Garcin, jornalista e literato. O fato é que nos colocaram juntos aqui... Como a senhora se chama mesmo?

INÊS *(Secamente.)*

Inês Serrano. Senhorita.

GARCIN

Muito bem. Perfeito. Quebramos o gelo. Então você me achou com cara de carrasco? E como é que se reconhecem os carrascos? Você pode me dizer?

INÊS

Eles parecem estar sempre com medo.

GARCIN

Medo? Essa foi demais. E de quem? Das suas vítimas?

INÊS

Sei do que estou falando, eu me olhei num espelho.

GARCIN

Num espelho? *(Ele olha ao redor.)* Que droga: tiraram tudo que pudesse lembrar um espelho. *(Pausa.)* De todo modo, posso lhe afirmar que eu não tenho medo. Não que eu ache essa situação simples, estou bem consciente da sua gravidade. Mas não me dá medo.

INÊS *(Dando de ombros.)*

Isso é com você. *(Pausa.)* Já lhe ocorreu dar uma volta lá fora de vez em quando?

GARCIN

A porta está trancada.

INÊS

Tanto pior.

GARCIN

Eu entendo que a minha presença a aborrece. E, da minha parte, preferiria ficar sozinho: tenho que botar minha vida em ordem e preciso de sossego. Mas tenho certeza de que a gente pode se acertar: eu não falo nada, não me movo e faço pouco barulho. Apenas, se me permite uma sugestão, a gente podia manter uma extrema polidez um com o outro. Será a nossa melhor defesa.

INÊS

Eu não sou uma pessoa polida.

GARCIN

Eu vou ser por nós dois.

*Silêncio. Garcin está sentado no canapé.
Inês anda de um lado para o outro.*

INÊS *(Olhando para ele.)*

Sua boca.

GARCIN *(Saindo do sonho.)*

Como?

INÊS

Será que não dá pra você parar com essa boca? Roda como um pião, debaixo do seu nariz.

GARCIN

Desculpe: não tinha me dado conta.

INÊS

É disso que eu não gosto em você. *(Tique de Garcin.)*
De novo! Você queria ser polido e esquece essa boca.
Você não está sozinho e não tem o direito de me impor o espetáculo do seu medo.

Garcin se levanta e se aproxima dela.

GARCIN

E você, você não tem medo?

INÊS

Pra quê? O medo era bom *antes*, quando a gente ainda tinha alguma esperança.

GARCIN *(Docemente.)*

Acabou a esperança, mas continuamos sempre no *antes*. A gente nem começou ainda a sofrer.

INÊS

Eu sei. *(Pausa.)* E então? O que está por vir?

GARCIN

Sei lá. Estou esperando.

Silêncio. Garcin se senta. Inês recomeça a andar. Garcin tem um tique na boca; em seguida, após olhar para Inês, mergulha o rosto nas mãos. Entram Estelle e o criado.

CENA IV
INÊS, GARCIN, ESTELLE, CRIADO

Estelle olha Garcin, que não levantou a cabeça.

ESTELLE *(Para Garcin.)*

Não! Não precisa levantar a cabeça. Sei o que você está escondendo com as mãos, sei que não tem mais rosto. *(Garcin retira as mãos.)* Ahn! *(Pausa. Com surpresa.)* Ei, eu não te conheço.

GARCIN

Eu não sou o carrasco, minha senhora.

ESTELLE

Não achei que você fosse o carrasco. É que... eu achei que alguém iria fazer uma brincadeira comigo. *(Ao criado.)* Quem você ainda está esperando?

CRIADO

Não virá mais ninguém.

ESTELLE *(Aliviada.)*

Ah, então vamos ficar só nós: o cavalheiro, a senhora e eu.

Ela começa a rir.

GARCIN *(Seco.)*

Não tem nada pra rir.

ESTELLE *(Continuando a rir.)*

Ai, mas esses canapés são horríveis. E olha a disposição deles, parece que estou visitando minha tia Marie no ano-novo. Cada um tem o seu, imagino. Este é o meu? *(Ao criado:)* É que não poderia nunca me sentar nele, seria uma catástrofe: eu estou de azul-claro, e ele é verde-espinafre.

INÊS

Você quer o meu?

ESTELLE

O bordô? Você é muito gentil, mas isso não iria melhorar nada. Não, o que se pode fazer? Cada um ganhou o seu: o meu é o verde, fico com ele. *(Pausa longa.)* A rigor, o único que combinaria é o do cavalheiro.

Silêncio.

INÊS

Você escutou, Garcin?

GARCIN *(De sobressalto.)*

O... canapé. Oh! Perdão. *(Ele se levanta.)* É todo seu, minha senhora.

ESTELLE

Obrigada. *(Ela tira o casaco e o joga sobre o canapé. Pausa.)* Vamos nos apresentar, já que temos de morar juntos. Eu sou Estelle Rigault.

Garcin se inclina e vai se apresentar, mas Inês passa na sua frente.

INÊS

Inês Serrano. Encantada.

Garcin se inclina novamente.

GARCIN

Joseph Garcin.

CRIADO

Vocês ainda precisam de mim?

ESTELLE

Não, pode ir. Eu tocarei, se precisar.

O criado inclina-se e sai.

CENA V
INÊS, GARCIN, ESTELLE

INÊS

Você é muito bonita. Queria ter flores para lhe dar as boas-vindas.

ESTELLE

Flores? Ah, sim. Eu adorava as flores. Mas aqui não
dá, elas iriam murchar: é quente demais. Enfim, o essencial é manter o bom humor, não é mesmo? Você...

INÊS

Sim, na semana passada. E você?

ESTELLE

Eu? Ontem. A cerimônia nem acabou ainda. *(Ela
fala com muita naturalidade, mas como se estivesse
vendo o que descreve.)* O vento balança o véu da minha irmã. Ela faz o que pode pra chorar. Vamos, vamos, mais um esforço. Pronto! Duas lágrimas, duas
lagriminhas brilhando embaixo do crepe de seda.
Nossa, Olga Jardet está horrorosa esta manhã. Ela
está segurando a minha irmã pelo braço. Não chora
por causa do rímel. Acho que no seu lugar eu também... era minha melhor amiga.

INÊS

Você sofreu muito?

ESTELLE

Não. Eu estava insensível a isso.

INÊS

E do que foi que...?

ESTELLE

Uma pneumonia. *(Mesmo gesto que antes.)* Ai, lá está, estão indo embora. Meus pêsames, meus pêsames! Quantos apertos de mão. Meu marido está doente de desgosto e ficou em casa. *(Para Inês.)* E você?

INÊS

Gás.

ESTELLE

E o senhor?

GARCIN

Doze balas na carne. *(Reação de Estelle.)* Desculpe-me, eu não sou um morto de alta classe.

ESTELLE

Oh! Meu caro senhor, será que não faria a gentileza de usar palavras menos cruas? É... é chocante. E, enfim, o que tudo isso significa? Talvez nós nunca tenhamos sido tão vivos. Se for absolutamente necessário dar um nome a este... estado de coisas, proponho que nos intitulemos "os ausentes", seria mais correto. Há quanto tempo você está ausente?

GARCIN

Mais ou menos um mês.

ESTELLE

De onde você é?

GARCIN

Do Rio.

ESTELLE

E eu, de Paris. *(Pausa longa.)* Você ainda tem alguém por lá?

GARCIN

Minha mulher. *(Mesmo gesto que Estelle.)* Ela foi ao quartel, como todos os dias; não a deixaram entrar. Olha entre as barras da grade. Ela ainda não sabe que eu estou ausente, mas está desconfiando. Agora, está andando. Está toda de preto. Melhor assim, não precisa nem se trocar. Não está chorando; nunca chorava mesmo. Está o maior sol, e ela está toda de preto andando pela rua deserta, com esses grandes olhos de vítima. Ah! Ela me dá nos nervos.

Silêncio. Garcin vai se sentar no canapé do meio e
mergulha a cabeça nas mãos.

INÊS

Estelle!

ESTELLE

Senhor, senhor Garcin!

GARCIN

Ahn?

ESTELLE

Você está sentado no meu canapé.

GARCIN

Desculpe.

Ele se levanta.

ESTELLE

Você parecia tão compenetrado!

GARCIN

Estou tentando botar a minha vida em ordem. *(Inês começa a rir.)* Quem fica aí rindo também devia fazer o mesmo que eu.

INÊS

Minha vida está em ordem. Totalmente em ordem. Ela mesma se colocou em ordem, do lado de lá. Eu não preciso ficar me preocupando com ela.

GARCIN

É mesmo? E você acha que é assim tão simples? *(Ele passa a mão na testa.)* Que calor! Vocês me dão licença?

Ele vai tirar o paletó.

ESTELLE

Ah, não! *(Mais suave.)* Por favor, detesto homens só de camisa.

GARCIN *(Recolocando o paletó.)*

Tudo bem! *(Pausa.)* Eu passava as noites nas salas da redação. Lá fazia um baita calor. *(Pausa. Mesmo gesto que antes.)* Lá está fazendo um baita calor. É de noite.

ESTELLE

É mesmo, já é de noite. Olga está tirando a roupa. Como o tempo na Terra passa depressa!

INÊS

É de noite. Lacraram a porta do meu quarto. E o quarto está vazio no escuro.

GARCIN

Eles colocaram o paletó no encosto da cadeira e arregaçaram as mangas da camisa acima dos cotovelos. Tem um cheiro de homem e de charuto. *(Silêncio.)* Eu gostava de viver entre homens sem paletó.

ESTELLE *(Seca.)*

Bem, isso prova que nós não temos os mesmos gostos. *(Para Inês.)* E você? Gosta dos homens só de camisa?

INÊS

Só de camisa ou não, eu não gosto dos homens.

ESTELLE *(Olha para os dois com estupor.)*

Mas por quê? *Por que* nos colocaram juntos?

INÊS *(Com um grito abafado.)*
O que você está dizendo?

ESTELLE

Olho pra vocês dois e fico pensando que a gente vai ficar junto... eu estava esperando encontrar meus amigos, minha família.

INÊS

Um grande amigo com um buraco no meio do rosto.

ESTELLE

Ele também. Dançava tango como um profissional. Mas, e *nós*? Por que nos colocaram juntos?

GARCIN

Bem, foi ao acaso. Eles colocam as pessoas onde dá, pela ordem de chegada. *(Para Inês.)* Por que você está rindo?

INÊS

Porque você me diverte com o seu acaso. Você precisa mesmo arranjar alguma coisa pra se tranquilizar? Eles não deixam nada ao acaso.

ESTELLE *(Timidamente.)*

Mas talvez a gente tenha se encontrado outras vezes.

INÊS

Nunca. Eu não teria me esquecido de você.

ESTELLE

Ou, então, será que a gente não conhecia pessoas em comum? Você não conhece os Dubois-Seymour?

INÊS

Ficaria surpresa se os conhecesse.

ESTELLE

Eles recebem todo mundo.

INÊS

E o que eles fazem?

ESTELLE *(Surpresa.)*

Eles não fazem nada. Têm um castelo em Corrèze, no campo...

INÊS

Eu era funcionária dos Correios.

ESTELLE *(Recuando um pouco.)*

Ah! Sim, claro... *(Pausa.)* E você, senhor Garcin?

GARCIN

Eu nunca saí do Rio.

ESTELLE

Neste caso, você está totalmente certo: foi o acaso que nos reuniu.

INÊS

Acaso! Então quer dizer que esses móveis estão aí por acaso? Será um acaso o canapé da direita ser verde-espinafre e o da esquerda, bordô? Um acaso, né? Então, tente mudá-los de lugar e me diga o que acontece. A estátua de bronze também é um acaso? E este calor? E este calor? *(Silêncio.)* Ouça o que estou dizendo: tudo foi arrumado com carinho, e nos mínimos detalhes. Este quarto foi feito pra gente.

ESTELLE

Como você pode falar uma coisa dessas? Tudo aqui é tão feio, tão duro, tão anguloso! Eu detestava os ângulos.

INÊS *(Dando de ombros.)*

E você acha que eu vivia em um salão estilo Segundo Império?

Pausa.

ESTELLE

Quer dizer que tudo estava previsto?

INÊS

Tudinho. E aqui estamos nós reunidos.

ESTELLE

Não é por acaso que você, que você está na minha frente? *(Pausa.)* O que eles estão esperando?

INÊS

Sei lá. Mas que eles estão esperando alguma coisa, isso estão.

ESTELLE

Eu não posso suportar que estejam esperando alguma coisa de mim. Me dá logo vontade de fazer tudo ao contrário.

INÊS

E por que não faz? Faça! Você nem sabe o que eles estão querendo.

ESTELLE *(Batendo o pé.)*

Isto é insuportável. O que vai me acontecer por meio de vocês? *(Ela olha para eles.)* Por meio de vocês dois. Havia rostos que imediatamente me diziam alguma coisa. E os de vocês não me dizem nada.

GARCIN *(Bruscamente para Inês.)*

Vamos, por que estamos juntos? Você já falou demais, agora vá até o fim.

INÊS *(Surpresa.)*

Mas eu não sei absolutamente nada disso.

GARCIN

A gente *precisa* saber.

Reflete por um instante.

INÊS

Quem sabe, se cada um de nós tiver a coragem de contar...

GARCIN

O quê?

INÊS

Estelle!

ESTELLE

Ahn?

INÊS

O que você fez? Por que a mandaram pra cá?

ESTELLE *(Com vivacidade.)*

Mas eu não sei, realmente eu não sei! Fico até me perguntando se não foi um engano. *(Para Inês.)* Para de rir. É só pensar na quantidade de pessoas que... que se ausentam todos os dias. Chegam aqui aos milhares e são obrigadas a tratar com subalternos, funcionários sem nenhuma instrução. Como é que você pode achar que não tenha havido um engano? Dá pra parar de rir? *(Para Garcin.)* E você, fala alguma coisa. Se eles se enganaram no meu caso, podem ter se enganado no seu. *(Para Inês.)* E no seu também. Não é melhor acreditar que a gente está aqui por engano?

INÊS

É tudo que você tem pra nos dizer?

ESTELLE

E o que mais você quer saber? Não tenho nada pra esconder. Eu era órfã e pobre, criava meu irmão menor. Um velho que era amigo do meu pai pediu a minha mão. Ele era rico e bom. Eu aceitei. O que fariam no meu lugar? Meu irmão estava doente e sua saúde requeria os maiores cuidados. Vivi seis anos com meu marido sem nenhuma nuvem escura. Há dois anos, reencontrei o homem que eu devia ter amado. A gente se reconheceu na hora. Ele queria que eu fugisse com ele, mas eu recusei. Depois disso, veio a minha pneumonia. Foi isso. Talvez fosse possível, em nome de certos princípios, me reprovar por ter sacrificado minha juventude por um velho. *(Para Garcin.)* Você acha que esse foi o crime?

GARCIN

É claro que não. *(Pausa.)* E você, você acha que é um crime viver de acordo com seus princípios?

ESTELLE

Quem poderia recriminá-lo por isso?

GARCIN

Eu dirigia um jornal pacifista. A guerra estoura. O que fazer? Eles estavam de olho em mim. "Ele vai se atrever a continuar?" Pois eu me atrevi. Cruzei meus braços, e me fuzilaram. Cadê o crime? Cadê?

ESTELLE *(Põe a mão no braço dele.)*

Não houve crime. Você é...

INÊS *(Conclui ironicamente.)*

..um herói. E a sua mulher, Garcin?

GARCIN

É, bem... o que é que tem? Eu a tirei da sarjeta.

ESTELLE *(Para Inês.)*

Está vendo? Está vendo?

INÊS

Estou. *(Pausa.)* Pra que ficar fazendo esta novela? Aqui estamos "entre nós".

ESTELLE *(Com insolência.)*

"Entre nós"?

INÊS

É, entre assassinos. A gente está no inferno, mocinha, aqui nunca há engano. E as pessoas não são condenadas à toa.

ESTELLE

Cala essa boca.

INÊS

No inferno! Amaldiçoados! Fodidos!

ESTELLE

Cala essa boca. Você quer se calar? Eu a proíbo de usar palavras grosseiras.

INÊS

A santinha está condenada, o herói sem mácula está condenado. A gente já teve a nossa hora de prazer, não é mesmo? Um monte de gente sofreu por nossa causa até a morte, e isso nos divertia à beça. Agora, é preciso pagar.

GARCIN *(Com a mão levantada.)*

Vai calar essa matraca?

INÊS *(Olha para ele sem medo,
mas com uma imensa surpresa.)*
Ah! *(Pausa.)* Calma! Já entendi... já entendi por que
nos botaram juntos.

GARCIN

Cuidado com o que vai dizer!

INÊS

Você vai ver que idiotice. Idiota como uma flor! Não
tem tortura física, não é verdade? E, no entanto,
estamos no inferno, lugar de ser castigado, né? Ninguém vem mais, vem? A gente vai ficar até o fim, só
nós, juntos, não é isso? É claro que está faltando
alguém aqui: falta o carrasco.

GARCIN *(A meia-voz.)*

É, eu sei.

INÊS

Ora, fizeram um corte no pessoal. É isso. São os
próprios clientes que fazem o serviço, como num
restaurante comunitário.

ESTELLE

O que você está querendo dizer?

INÊS

Que cada um de nós é o carrasco dos outros dois.

Pausa. Eles digerem a novidade.

GARCIN *(Com uma voz doce.)*

Eu não vou ser o carrasco de vocês. Não quero mal a nenhuma de vocês duas e não tenho nada contra vocês. Nadinha. É muito simples. O negócio é o seguinte: cada um fica no seu canto; esse é o jogo. Você aí, você aí e eu aqui. E silêncio. Nenhuma palavra: não é difícil, né? Cada um de nós tem muito o que fazer consigo mesmo. Acho que eu podia ficar dez mil anos sem falar nada.

ESTELLE

Tenho mesmo que ficar quieta?

GARCIN

Claro. E assim... a gente se salva. Calados. Olhando para si, sem levantar a cabeça. De acordo?

INÊS

De acordo.

ESTELLE *(Após uma hesitação.)*
De acordo.

GARCIN

Então, tchau.

Ele vai até o seu canapé e mergulha a
cabeça nas mãos. Silêncio. Inês começa
a cantar para si mesma.

INÊS *(Canta.)*

Na rua das capas brancas
Armaram um palco
E ergueram com a alavanca
A grande guilhotina,
Na rua das capas brancas.
Na rua das capas brancas
O carrasco bem cedo se levanta.
Tem um mundo a desfazer:
Decapitar generais,
Sangrar bispos e almirantes,
Na rua das capas brancas.

Na rua das capas brancas,
Vieram senhoras distintas
Com joias que a todos encantam,

Mas faltava-lhe a cabeça,
Rolaram junto com o chapéu
Na rua das capas brancas.

Durante esse tempo, Estelle passa pó de
arroz e batom. Procura um espelho ao redor
com um ar inquieto. Remexe a bolsa e depois
se vira para Garcin.

ESTELLE

O senhor não tem um espelho? *(Garcin não respon-*
de.) Um espelho, um espelhinho de bolso, qualquer
um? *(Garcin não responde.)* Já que está me deixan-
do sozinha, pelo menos tente achar um espelho.

Garcin continua com a cabeça nas mãos,
sem responder.

INÊS *(Solícita.)*

Eu tenho um espelho na minha bolsa. *(Mexe na bol-*
sa, decepcionada:) Ih... não tenho mais. Acho que
me tiraram na entrada.

ESTELLE

Que chato!

Pausa. Ela fecha os olhos e cambaleia.
Inês corre para ela e a segura.

INÊS

O que você tem?

ESTELLE *(Reabre os olhos e sorri.)*

Estou me sentido esquisita. *(Ela se apalpa.)* Isso não acontece com você? Quando eu não me vejo, preciso me apalpar pra saber se estou existindo mesmo.

INÊS

Você tem sorte. Eu me percebo sempre a partir do meu interior.

ESTELLE

Ah! Sim, do que sente por dentro... Tudo o que se passa na minha cabeça é tão vago, me dá sono. *(Pausa.)* No meu quarto, há seis espelhos enormes. Sim, eu os vejo. Eu os vejo. Mas eles não me veem. Eles refletem o sofazinho, o tapete, a janela... como é vazio um espelho em que eu não estou. Quando eu falava, eu me posicionava de um jeito que eu podia ficar sempre me olhando. Eu falava e me via falando. Eu me via como as pessoas me viam, isso me mantinha acordada. *(Com *desespero.)* Meu batom! Tenho certeza de que borrou. Já vi que não posso ficar sem espelho por toda a eternidade.

INÊS

Você não gostaria que eu fosse o seu espelho? Venha, estou convidando. Senta aqui no meu canapé.

ESTELLE *(Aponta para Garcin.)*

Mas...

INÊS

Deixa ele pra lá.

ESTELLE

A gente vai fazer mal uma pra outra. Foi você mesma que disse.

INÊS

Tenho cara de estar querendo te prejudicar?

ESTELLE

Nunca se sabe...

INÊS

Você é que vai me fazer mal. Mas o que isso importa? Já que temos que sofrer, ao menos que seja por você. Senta aqui. Chega mais perto. Mais um pouco. Olha dentro dos meus olhos: você consegue se ver?

ESTELLE

Estou tão pequenininha! Não consigo me ver direito.

INÊS

Eu estou te vendo. Por inteiro. Me pergunta o que você quiser. Nenhum espelho vai ser mais fiel que eu.

Estelle, perturbada, se volta para Garcin
para pedir sua ajuda.

ESTELLE

Cavalheiro! Cavalheiro! Estamos incomodando o senhor com a nossa conversa?

Garcin não responde.

INÊS

Deixa, ele agora é o mesmo que nada; estamos sozinhas. Vamos, me pergunta.

ESTELLE

Eu passei direito o batom?

INÊS

Deixa ver. Não muito bem.

ESTELLE

Eu desconfiava. Ainda bem que *(dá uma olhada para Garcin)* ninguém me viu. Vou me retocar.

INÊS

Está melhor. Não. Segue o contorno dos lábios; vou te guiar. Assim, assim. Está bom.

ESTELLE

Tão bom quanto na hora em que eu cheguei?

INÊS

Está melhor; mais carregada, mais cruel. Uma boca infernal.

ESTELLE

Hum! E isso é bom? Que coisa irritante, eu não consigo saber como está. Você jura que está bom?

INÊS

A gente podia se tratar com mais intimidade...

ESTELLE

Você jura que está bom?

INÊS

Você está linda.

ESTELLE

Mas será que você tem bom gosto? Será que o seu tipo de gosto é igual ao *meu*? Que coisa irritante, que coisa mais irritante.

INÊS

Eu tenho o mesmo gosto que o seu, já que você me encanta. Olha bem pra mim. Sorria. Eu também não sou feia. Sou ou não sou melhor que um espelho?

ESTELLE

Eu não sei. Você me intimida. Minha imagem nos espelhos ficava aprisionada. Eu a conhecia tão bem... Eu vou sorrir; mas meu sorriso vai pro fundo dos seus olhos, e sabe Deus o que ele vai virar.

INÊS

E o que te impede de me aprisionar? *(Elas se olham. Estelle sorri, um pouco fascinada.)* Você não acha mesmo que a gente podia ficar mais íntima?

ESTELLE

Dificilmente fico íntima de mulheres.

INÊS

Principalmente se ela for funcionária dos Correios, né? Ei, o que você tem aí, embaixo do rosto? É uma mancha vermelha?

ESTELLE *(Sobressaltando-se.)*

Mancha vermelha? Que horror! Onde?

INÊS

Aqui, aqui! Eu sou o espelho que atrai as cotovias, minha pequena cotovia; eu te aprisiono! Não tem nenhum vermelhão. Nenhunzinho. E se o espelho começasse a mentir, hein? Ou então se eu fechasse os meus olhos, se eu não te olhasse mais, o que seria da sua beleza? Mas não tenha medo: basta que eu te olhe, meus olhos vão ficar sempre abertos. Além disso, serei sempre gentil com você. Mas você vai ter que me dizer que vamos ser muito amigas

ESTELLE

Você me acha bonita?

INÊS

Muito!

Pausa.

ESTELLE *(Indicando Garcin com um movimento da cabeça.)*
Eu queria que ele me achasse também.

INÊS

Ah, só porque é homem. *(Para Garcin.)* Tá bom, você venceu. *(Garcin não responde.)* Ao menos olha pra ela! *(Garcin não responde.)* Para de fazer cena, você não perdeu uma única palavra do que dissemos.

GARCIN *(Levantando bruscamente a cabeça.)*
Você disse bem: nem uma única palavra. Fiquei tentando tapar os ouvidos, mas mesmo assim vocês me torraram a cabeça. E agora, vocês vão me esquecer? Eu não tenho nada a ver com vocês!

INÊS

E a garota, você não tem nada a ver com ela? Eu entendi a sua cena: fica com essa empáfia toda só pra chamar a atenção dela.

GARCIN

Você quer me deixar? Tem alguém falando de mim no jornal, e eu quero escutar. Se isto te tranquiliza, saiba que estou me lixando pra ela.

ESTELLE

Muito obrigada.

GARCIN

Eu não quis ser indelicado...

ESTELLE

Seu grosso!

Pausa. Todos se levantaram e ficam se olhando.

GARCIN

Pois é! *(Pausa.)* E eu tinha implorado pra vocês calarem a boca.

ESTELLE

Foi ela que começou. Foi ela que veio com essa história de ser meu espelho, eu não tinha pedido nada a ela.

INÊS

Nada! Ficava apenas provocando ele e fazendo caras e bocas pra ele te olhar.

ESTELLE

E o que mais?

GARCIN

Vocês estão malucas? Não conseguem ver a que ponto a gente vai chegar assim? Calem a boca! *(Pausa.)* A gente vai se sentar tranquilamente, fechar os olhos, bem bonitinho, e cada um vai tratar de esquecer a presença dos outros.

Pausa, ele se senta. Cada uma vai para o seu lugar com um passo hesitante. Inês se vira bruscamente.

INÊS

Ora, esquecer! Que coisa infantil! Eu te sinto até nos ossos. O teu silêncio grita nas minhas orelhas. Pode costurar a boca, cortar a língua, isso impediria você de existir? Você ia parar de pensar? Eu te escuto, você faz tique-taque, como um despertador, e sei que você me escuta. Você tentou se esconder no seu canapé, mas você está em toda parte; os sons me chegam sujos porque você ouviu de passagem. Até meu rosto você roubou, você sabe como é e eu não sei. E ela, e ela? Você a roubou de mim: você acha que, se a gente estivesse sozinha, ela ia se atrever a me tratar como me trata? Não, não: tira essas mãos da cara, agora mesmo é que eu não vou parar de te perturbar. Seria cômodo demais pra você. Você ia ficar aí, impassível, mergulhado em si mesmo feito um Buda; eu ia fechar os meus olhos e sentiria que ela dedica a você todos os ruídos da própria vida, até o esfregar do vestido, e que ela te manda sorrisos, que você não vê... Nada disso! Eu quero é escolher o meu inferno; quero te olhar com todos os olhos e lutar de cara limpa.

GARCIN

Tá bom. Acho que era mesmo pra gente chegar a este ponto; nos manipularam feito criancinhas. Se ao menos tivessem me colocado com homens... os homens sabem ficar calados. Mas isso seria pedir demais. *(Ele vai até Estelle e passa a mão no seu queixo.)* E aí, garota, gosta de mim? Quer dizer que você estava me olhando?

ESTELLE

Tira essa mão de mim.

GARCIN

Ah, esquece essa soberba, relaxa. Sabe, eu gostava das mulheres. E elas gostavam de mim. Você não quer relaxar? A gente não tem mais nada a perder. Pra que polidez? Pra que cerimônia? "Entre nós"! Daqui a pouco vamos estar nus feito minhocas.

ESTELLE

Me deixa.

GARCIN

Feito minhocas! Depois não vem dizer que eu não avisei. Eu não pedia nada; nada além de paz e um pouco de silêncio. Tapei meus ouvidos. O Gomez estava falando, de pé, entre as mesas. Todos os companheiros do jornal estavam escutando, nenhum usava paletó. Eu queria entender o que eles diziam, mas estava difícil: os acontecimentos na Terra passam tão depressa! Será que não dava pra vocês calarem a boca? Agora acabou, parou de falar, e o que ele pensa a meu respeito entrou novamente na sua cabeça. É, a gente tem que ir até o fim. Nu feito minhoca: quero saber com quem estou lidando.

INÊS

Você sabe. Agora você sabe.

GARCIN

Enquanto cada um de nós não tiver confessado por que foi condenado, a gente não vai saber de nada. Você, loura, começa. Por quê? Conta pra gente o porquê: a sua franqueza pode evitar catástrofes. Quando a gente conhecer os nossos monstros... E então, por quê?

ESTELLE

Já disse que não sei. Eles não quiseram me contar.

GARCIN

Eu sei. Também não quiseram me responder. Mas eu me conheço. Você tem medo de falar primeiro? Muito bem. Eu vou começar. *(Silêncio.)* Não sou lá grande coisa.

INÊS

Vá lá, já deu pra saber que você desertou.

GARCIN

Esquece isso. E nunca toque nesse assunto. Eu estou aqui porque torturei a minha mulher. É tudo.

Durante cinco anos. Naturalmente, ela ainda está sofrendo. Aí está: é só falar nela que eu a vejo. É o Gomez que me interessa e só vejo ela. Cadê o Gomez? Durante cinco anos. Olha, eles deram minhas roupas pra ela. Ela está sentada perto da janela e colocou minha jaqueta sobre os joelhos. A jaqueta com doze furos. O sangue parece ferrugem. As bordas dos furos estão chamuscadas. Ah! É uma peça de museu, uma jaqueta histórica. E eu a usei! Vai chorar, é? Vai acabar chorando? Eu voltava bêbado feito um gambá, cheirando a vinho e a mulher. Todas as noites, ela sempre me esperava; nunca chorava. Nenhuma palavra de repreensão, é claro. Apenas seus olhos. Seus olhos enormes. Eu não me arrependo de nada. Vou ter que pagar, mas não me arrependo de nada. Está nevando lá fora. Mas vai chorar mesmo? Essa mulher nasceu pra sofrer.

INÊS *(Quase docemente.)*

E por que você a fez sofrer?

GARCIN

Porque era fácil. Bastava uma palavrinha pra ela mudar de cor; era muito sensível. Puxa, nenhuma repreensão! Eu sou mesmo muito implicante. Eu ficava esperando, esperando... mas nada, nem uma lágrima, nem uma repreensão. Eu a tinha tirado da sarjeta, entende? Ela está passando a mão na jaqueta, sem olhá-la. Seus dedos procuram os furos às cegas. O que você está esperando? O que você está querendo? Continuo dizendo que não me arrependo de nada. Enfim, é isso: ela tinha a maior admiração por mim. Vocês sabem do que estou falando!

INÊS

Não. Ninguém me admirava.

GARCIN

Tanto melhor. Tanto melhor pra você. Isso tudo deve estar te parecendo muito abstrato. Muito bem, vou te contar uma coisa engraçada: botei uma mulher negra dentro de casa. Grandes noites! Minha mulher dormia no andar de cima e, com certeza, escutava a gente. Ela se levantava mais cedo e, como a gente acordava tarde pra burro, ela vinha trazer o café da manhã na cama.

INÊS

Canalha!

GARCIN

Mas é claro, é claro, um canalha bem-amado. *(Ele parece distraído.)* Não, nada. É o Gomez, mas ele não está falando de mim. Você disse "um canalha"? Ora: o que eu ia estar fazendo aqui? E você?

INÊS

Bem, eu era o que eles chamam no lado de lá de "uma mulher condenada". *Já* condenada, né? Então, não há grandes surpresas.

GARCIN

Só isso?

INÊS

Não. Tem também esse caso com a Florence. Mas é uma história de mortos. Três mortos. Primeiro ele, depois ela e eu. Não sobrou ninguém do lado de lá, estou tranquila; apenas o quarto. De vez em quando eu vejo o quarto. Vazio, com as janelas fechadas. Ah! Ah! Eles acabaram de tirar o lacre. Aluga-se... ele está pra alugar. Tem um cartaz na porta. É... uma pechincha.

GARCIN

Três. Você disse três?

INÊS

Três.

GARCIN

Um homem e duas mulheres?

INÊS

É.

GARCIN

Poxa. *(Silêncio.)* Ele se matou?

INÊS

Ele? Era incapaz de uma coisa dessas. Mas não foi por falta de sofrimento. Não: foi um bonde que o estraçalhou. Uma festa! Eu morava com eles, era meu primo.

GARCIN

Florence era loura?

INÊS

Loura? *(Olha para Estelle.)* Você sabe, eu não me arrependo de nada, mas, pra mim, não é lá muito agradável contar essa história.

GARCIN

Vamos! Vamos! Você não aguentava mais ele.

INÊS

Foi pouco a pouco. Uma palavra aqui, outra acolá. Por exemplo: fazia barulho quando bebia, pingava pelo nariz no copo. Bobagens. Oh! Era um pobre coitado, frágil. Por que está rindo?

GARCIN

Porque eu não sou nada frágil.

INÊS

Isso é o que veremos. Eu fui me aproximando dela, e ela começou a ver o marido pelos meus olhos... no final das contas, ela acabou nos meus braços. A gente alugou um quarto do outro lado da cidade.

GARCIN

E daí?

INÊS

Daí, teve o bonde. E todos os dias eu falava pra ela: "É, minha querida, nós o matamos." *(Silêncio.)* Eu sou uma pessoa má.

GARCIN

É. Eu também.

INÊS

Não, você não é mau. Você é outra coisa.

GARCIN

O quê?

INÊS

Eu vou te dizer depois. Mas eu sou má: isso quer dizer que eu preciso do sofrimento dos outros pra existir. Uma tocha. Uma fogueira nos corações. Quando estou completamente sozinha, eu me apago. Durante seis meses, eu ardi no coração dela, acabei queimando tudo. Ela se levantou uma noite e abriu o gás sem que eu me desse conta, depois se deitou ao meu lado. Foi isso.

GARCIN

Hum!

INÊS

O que foi?

GARCIN

Nada. É que não foi um jogo limpo.

INÊS

É, não. Não foi limpo. E daí?

GARCIN

É! Você tem razão. *(Para Estelle.)* Agora você. O que você fez?

ESTELLE

Já disse que não sabia de nada. Fico me perguntando por que...?

GARCIN

Então a gente vai te ajudar. Aquele cara com o rosto arrebentado, quem era?

ESTELLE

Que cara?

INÊS

Você sabe muito bem. Aquele, você ficou com medo dele quando chegou.

ESTELLE

É um amigo.

GARCIN

E por que você ficou com medo dele?

ESTELLE

Vocês não têm o direito de ficar me interrogando.

INÊS

Ele se matou por sua causa?

ESTELLE

Não, não! Você está louca!

GARCIN

Então, por que ele te dava medo? Ele deu um tiro de fuzil no meio do rosto, né? Foi isso que estraçalhou a cabeça dele?

ESTELLE

Cale-se! Cale-se!

GARCIN

Por sua causa! Por sua causa!

INÊS

Um tiro de fuzil por sua causa!

ESTELLE

Me deixem em paz. Vocês me assustam. Quero sair daqui! Quero sair daqui!

Ela corre até a porta, segura a maçaneta e a sacode.

GARCIN

Pode ir. É tudo o que eu queria. Só que a porta está trancada por fora.

Estelle aperta a campainha, mas ela não toca. Os dois riem. Estelle se vira para eles, colada à porta.

ESTELLE *(Com a voz rouca e arrastada.)*
Vocês são abomináveis.

INÊS

Isso mesmo, abomináveis. E aí? Quer dizer então que o cara se matou por sua causa. Era seu amante?

GARCIN

Claro que era amante dela. E queria que você ficasse só com ele. Não é verdade?

INÊS

Ele dançava tango como um profissional, mas era pobre, eu acho.

Silêncio.

GARCIN

A gente quer saber se ele era pobre.

ESTELLE

Sim, era pobre.

GARCIN

E, além do mais, você tinha um nome a zelar. Um belo dia ele veio, implorou a você, e você riu na cara dele.

INÊS

Hein? Hein? Você riu na cara dele? Foi por causa disso que ele se matou?

ESTELLE

Era com esses olhos que você olhava pra Florence?

INÊS

Era.

Pausa. Estelle começa a rir.

ESTELLE

Vocês não sabem de nada. *(Endireita-se e olha para eles, sempre grudada na porta. Fala com um tom seco e provocante:)* Ele queria me fazer um filho. Taí, estão contentes?

GARCIN

E você não queria.

ESTELLE

Não. Mas o filho veio assim mesmo. Fui morar por cinco meses na Suíça. Ninguém ficou sabendo de nada. Era uma menina. Roger estava comigo quando ela nasceu. Ele gostava da ideia de ter uma filha. Eu não.

GARCIN

E depois?

ESTELLE

No meu quarto tinha uma varanda, sobre um lago. Levei uma pedra enorme. Ele gritava: "Estelle, pelo amor de Deus, eu te suplico." Eu o odiava. Ele viu tudo. Se debruçou na varanda e viu os círculos se formando no lago.

GARCIN

E depois?

ESTELLE

Foi isso. Eu voltei para Paris. Ele fez o que achou que deveria fazer.

GARCIN

Estourou os miolos?

ESTELLE

É, foi. Mas não havia necessidade; meu marido nunca desconfiou de nada. *(Pausa.)* Eu odeio vocês.

Ela soluça, chorando sem lágrimas.

GARCIN

É inútil. Aqui as lágrimas não descem.

ESTELLE

Eu sou uma covarde! Eu sou uma covarde! *(Pausa.)* Se vocês soubessem como os odeio!

INÊS *(Tomando-a em seus braços.)*

Coitada da minha menina! *(Para Garcin:)* Acabou o interrogatório. Chega de ficar com essa cara de carrasco.

GARCIN

De carrasco... *(Ele olha em volta.)* Daria qualquer coisa pra me ver em um espelho. *(Pausa.)* Está quente pra danar! *(Ele tira maquinalmente seu paletó.)* Oh! Perdão.

ESTELLE

Você pode ficar só de camisa. Agora...

GARCIN

Tá. *(Ele joga o paletó em cima do canapé.)* Por favor, não me queira mal, Estelle.

ESTELLE

Não te quero mal.

INÊS

E a mim? Você me quer mal?

ESTELLE

Quero.

Silêncio.

INÊS

E então, Garcin? Cá estamos, nus como minhocas. Agora dá pra ver mais nitidamente?

GARCIN

Não sei. Talvez um pouco mais. *(Timidamente.)* Será que a gente não podia tentar se ajudar?

INÊS

Eu não preciso de ajuda.

GARCIN

Inês, eles embolaram todos os fios. O menor gesto seu, se você levanta a mão pra se abanar, tanto eu como a Estelle sentimos a vibração. Nenhum de nós pode se salvar sozinho; ou nos perdemos de uma vez juntos, ou nos salvamos juntos. Decida. *(Pausa.)* O que foi?

INÊS

Eles o alugaram. As janelas estão bem abertas, e um homem está sentado na minha cama. Eles o alugaram! Eles o alugaram! Pode entrar, pode entrar, não faça cerimônia. É uma mulher. Ela se aproxima e coloca as mãos nos ombros dele... O que estão esperando para acender a luz? Não dá pra ver. Será que vão se beijar? Este quarto é meu! É meu! Por que não acendem a luz? Não consigo mais vê-los. O que estão cochichando? Será que ele vai acariciá-la na *minha* cama? Ela está dizendo pra ele que é meio-dia e que está o maior sol. Agora estou ficando cega. *(Pausa.)* Acabou. Mais nada: não vejo nem escuto mais. Acho que acabou o meu laço com a Terra. Não tenho mais nenhum álibi. *(Estremece.)* Estou me sentindo vazia. Agora estou totalmente morta, totalmente aqui. *(Pausa.)* O que você estava falando? Acho que era sobre me ajudar.

GARCIN

É.

INÊS

A fazer o quê?

GARCIN

A desembaraçar esse novelo.

INÊS

E o que você quer em troca?

GARCIN

A sua ajuda. Inês, não é preciso muita coisa, apenas um pouco de boa vontade.

INÊS

De boa vontade... e onde você imagina que eu a consiga? Eu sou podre.

GARCIN

E eu? *(Pausa.)* Mesmo assim, a gente podia tentar.

INÊS

Estou seca por dentro. Não posso dar nem receber; como é que você quer que eu te ajude? Um galho morto que o fogo vai queimar. *(Pausa. Ela olha Estelle, que está com a cabeça mergulhada nas mãos.)* Florence era loura.

GARCIN

Você está sabendo que essa garota vai ser o seu carrasco, né?

INÊS

Talvez eu já estivesse desconfiando.

GARCIN

É com ela que eles vão te pegar. No que me toca, eu...
eu... eu... não dou a mínima pra ela. Se da sua parte...

INÊS

O quê?

GARCIN

É uma armadilha. Eles ficam observando pra ver se
você vai cair.

INÊS

Eu sei. E *você?* Você também é uma armadilha.
Você acha que eles não previram as suas palavras?
E que nelas se escondem alçapões que a gente não
pode ver? Tudo é uma armadilha. Mas que me importa? Eu também sou uma armadilha. Uma armadilha pra ela. Talvez seja eu quem irá capturá-la.

GARCIN

Você não vai capturar absolutamente nada. Estamos
como os cavalinhos de carrossel: corremos um atrás
do outro e nunca nos alcançamos. Pode acreditar
que eles arranjaram tudo. Solta, Inês; abre as mãos
e solta a presa. Senão, você vai fazer a desgraça de
nós três.

102

INÊS

E eu lá tenho cara de soltar presa? Sei o que me aguarda. Vou arder, me queimar; sei que isso nunca vai ter fim. Sei de tudo: você acha que eu ia soltar a presa? Eu vou possuí-la, ela vai te ver com os meus olhos, como Florence via o outro. E você não tem que ficar falando da sua desgraça. Já disse que sei de tudo e não posso sequer ter pena de mim. Uma armadilha! Ha! Ha! Uma armadilha! Realmente estou presa em uma armadilha. E daí? Melhor ainda se eles ficarem contentes com isso.

GARCIN *(Segurando-a pelos ombros.)*

Mas eu posso ter pena de você. Olha bem pra mim: estamos nus. Nus até o osso, e eu te conheço até seu último fio de cabelo. Agora estamos ligados: você acha que eu te faria algum mal? Não me arrependo de nada, não estou reclamando; também estou seco por dentro. Mas, mesmo assim, eu posso ter pena de você.

INÊS *(Que tinha se abandonado*
enquanto ele falava, volta a si.)

Tira as mãos de mim. Detesto que me toquem. Guarda sua pena pra você. Vamos, Garcin! Há também muitas armadilhas pra você neste quarto. Preparadas só pra você. Por que você não cuida das suas coisas? Seria melhor pra você. *(Pausa.)* Se você nos deixar completamente tranquilas, a garota e eu, tratarei de não te prejudicar.

GARCIN *(Olha para ela um pouco e depois dá de ombros.)*

Tudo bem.

ESTELLE *(Erguendo a cabeça.)*

Socorro, Garcin.

GARCIN

O que você quer de mim?

ESTELLE *(Se levanta e se aproxima dele.)*

Você pode me ajudar.

GARCIN

Fala com ela.

Inês se aproxima e se coloca atrás dela, sem tocá-la. Durante as réplicas que se seguem, ela lhe falará ao ouvido. Mas Estelle, virada para Garcin, que a olha sem falar, responde apenas a ele, como se a interrogasse.

ESTELLE

Pelo amor de Deus! Você me prometeu, Garcin, você me prometeu! Anda, anda, eu não quero ficar sozinha. Olga o levou para a discoteca.

INÊS

Levou quem?

ESTELLE

Pierre. Eles estão dançando juntos.

INÊS

Quem é Pierre?

ESTELLE

Um tolinho. Dizia que eu era sua pérola. Ele me amava. E ela o levou pro *dancing*.

INÊS

Você o ama?

ESTELLE

Estão se sentando. Ela está sem fôlego. Mas por que ela está dançando? Talvez seja pra ficar mais magra... é claro que não. É óbvio que eu não o amava: ele tem dezoito anos, e não sou nenhuma papa-anjo.

INÊS

Ora, deixa eles. Como isso pode te atingir?

ESTELLE

Ele é meu.

INÊS

Nada é mais seu na Terra.

ESTELLE

Ele era meu.

INÊS

Isso aí, *era*... tenta tocar nele, tenta segurá-lo. Mas a Olga pode tocar nele. Não é mesmo? Não é? Ela pode abraçá-lo, dançar de rosto colado.

ESTELLE

Ela está esfregando seus peitos enormes nele, está suspirando no ouvido dele. Ai, meu Pequeno Polegar, meu pobre Pequeno Polegar, o que você está esperando pra rir na cara dela? Ah! Bastava que eu desse uma olhada, ela nunca ousaria... Será que eu não sou mais nada?

INÊS

Mais nada. E não existe o menor vestígio seu na Terra: tudo o que você tem está aqui. Você quer a espátula para cortar papel? A estátua de bronze? O canapé azul é todo seu. E eu, minha menina, vou ser sua pra sempre.

ESTELLE

Ahn? Minha? Pois qual de vocês dois se dignaria me chamar de "minha pérola"? Não se enganem, vocês sabem muito bem que eu sou um lixo. Pense em mim, Pierre, pense só em mim, me defenda. Minha pérola, minha querida pérola, eu estou aqui apenas pela metade, está aqui apenas a metade culpada. Do lado de lá, perto de você, sou uma pérola. Olga está vermelha como um tomate. Vejamos, não pode ser: nós rimos dela juntos umas cem vezes. Que música é essa mesmo? Eu gostava tanto dela. Sim, é "Saint Louis Blues". Isso, dancem, dancem. Garcin, você ia gostar tanto se pudesse vê-la! Ela nunca vai saber que eu a *vejo*. Eu te vejo, eu te vejo com esse penteado desmanchado, esse rosto extasiado, pisando os pés dele. É de rolar de rir. Vamos! Mais depressa! Mais depressa! Ele puxa ela pra cá, empurra pra lá. Coisa indecente. Mais depressa! Ele dizia que eu era tão leve! Vamos, vamos! *(Ela dança enquanto fala.)* Já disse que estou te vendo. Ela não está nem aí, dança através do meu olhar. Nossa querida Estelle! Como? Nossa querida Estelle? Ah, cala essa boca. Não derramou uma lágrima sequer no enterro. Ela disse pra ele: "Nossa querida Estelle." Tem a audácia de falar de mim! Vamos! No ritmo. Ela não era daquelas que conseguem falar e dançar ao mesmo tempo. Mas o quê... não! Não! Não conta nada pra ele... eu deixo ele pra você, pode embrulhar, levar, mas não conta nada... *(Ela para de dançar.)* Bom, agora você pode ficar com ele. Ela contou tudo pra ele, Garcin: Roger, a viagem pra Suíça, a criança; ela contou tudo pra ele. "Nossa querida Estelle não era..." Não, não, é verdade, eu não era... Ele balança a cabeça com um ar triste, mas não se pode dizer que a notícia o tenha transtornado. Fica com ele agora. Eu não vou ficar disputando os longos cílios nem o ar de menina dele. Ah, ele me chamava de sua pérola, seu cristal. Bem, o cristal se estilhaçou. "Nossa querida Estelle." Dancem! Dancem, vamos! No ritmo. Um, dois. *(Ela dança.)* Eu daria tudo para voltar à Terra um único instante e dançar. *(Ela dança; pausa.)* Não escuto mais muito bem. Apagaram a luz como se fosse para um tango; por que estão tocando em surdina? Mais alto! Como está longe! Eu... eu não estou escutando mais nada. *(Ela para de dançar.)* Nunca mais. A Terra me abandonou. Garcin, olha pra mim, me abraça.

Inês faz um sinal para Garcin se afastar, atrás das costas de Estelle.

INÊS *(Imperativa.)*

Garcin!

GARCIN *(Dá um passo para trás e indica Inês para Estelle.)*

Fala com ela.

ESTELLE *(Agarrando-o.)*

Não vá embora! Você é ou não é um homem? Então, olha pra mim, não desvia o olhar: é tão difícil isso? Tenho os cabelos de ouro, e, além do mais, alguém se matou por mim. Eu te imploro, você tem que olhar mesmo pra alguma coisa. Se não sou eu, vai ser o bronze, a mesa ou os canapés. É mais agradável olhar pra mim. Escuta: caí do coração deles como um passarinho cai do ninho. Me apanha, me leva pro seu coração, você vai ver como eu vou ser boazinha.

GARCIN *(Afastando-a com força.)*

Já disse pra falar com ela.

ESTELLE

Com ela? Mas ela é o mesmo que nada: ela é uma mulher.

INÊS

Eu sou o mesmo que nada? Mas, meu pequeno pássaro, minha pequena cotovia, há muito tempo que eu te abriguei no meu coração. Não tenha medo, vou olhar pra você sem descanso, sem sequer piscar. Você vai viver no meu olhar, como uma lantejoula num raio de sol.

ESTELLE

Lantejoula? Ah, me deixa em paz. Você quis me dar um golpe agorinha mesmo e se deu mal.

INÊS

Estelle! Minha pérola, meu cristal.

ESTELLE

Seu cristal? Que patético! Quem você pensa que engana? Vamos, todo mundo sabe que joguei a criança pela janela. O cristal está estilhaçado pelo chão e não dou a mínima pra isso. Não sou nada além de um corpo — e o meu corpo não é pra você.

INÊS

Vem! Você vai ser o que quiser: pérola ou gota d'água. Você será, no fundo dos meus olhos, o que você quiser.

ESTELLE

Me larga! Você não tem olhos. O que eu tenho de fazer pra você me largar? Toma!

Ela lhe cospe na cara. Inês a solta bruscamente.

INÊS

Você me paga, Garcin!

Pausa. Garcin se endireita e vai até Estelle.

GARCIN

Quer dizer que você quer um homem?

ESTELLE

Um homem, não. Você.

GARCIN

Papo furado. Qualquer um serviria. Já que sou eu que estou aqui, vai comigo mesmo. Bem. *(Ele segura os ombros dela.)* Eu não sou seu tipo: não sou tolinho nem sei dançar tango.

ESTELLE

Aceito você como você é. Talvez eu possa mudá-lo.

GARCIN

Duvido. Vou ficar... alheio. Estou com outras coisas na cabeça.

ESTELLE

Que coisas?

GARCIN

Não te interessa.

ESTELLE

Vou me sentar no seu canapé e esperar que você se interesse por mim.

INÊS *(Dando uma gargalhada.)*

Ah, vagabunda! Rasteja! Rasteja! Ele não é sequer bonito.

ESTELLE *(Para Garcin.)*

Não escuta. Ela não tem olhos nem orelhas. Ela é o mesmo que nada.

GARCIN

Vou te dar o que eu puder. Não é lá muita coisa. Eu não vou te amar: eu te conheço demais pra isso.

ESTELLE

Você me deseja.

GARCIN

Desejo.

ESTELLE

É só isso que eu quero.

GARCIN

Então...

Debruça-se sobre ela.

INÊS

Estelle! Garcin! Vocês perderam a noção? Eu estou aqui!

GARCIN

Estou vendo, e daí?

INÊS

Na minha frente? Não... não podem!

ESTELLE

E por quê? Eu sempre tirava a roupa na frente da minha empregada.

INÊS *(Agarrando-se a Garcin.)*

Larga ela! Larga ela! Tira essas mãos sujas de homem de cima dela.

GARCIN *(Empurrando-a violentamente.)*

Olha lá, hein! Eu não sou um homem educado, não me custa nada bater numa mulher.

INÊS

Você me prometeu, Garcin, você me prometeu! Eu te imploro, você me prometeu.

GARCIN

Foi você que rompeu o pacto.

Inês se solta e recua até o fundo do quarto.

INÊS

Façam o que quiserem, vocês são mais fortes. Mas não esqueçam que eu estou aqui, de olho em vocês. Não vou tirar meus olhos de você, Garcin; vão ter que se beijar comigo olhando. Como eu odeio vocês dois! Podem se amar à vontade; estamos no inferno, e minha hora há de chegar.

Durante a cena seguinte, ela olha para eles sem dizer uma palavra.

GARCIN *(Vira-se para Estelle e a segura pelos ombros.)*
Me dá sua boca.

Pausa. Debruça-se sobre ela e bruscamente se levanta outra vez.

ESTELLE *(Com um gesto de despeito.)*
Ei!... *(Pausa.)* Já te disse pra não prestar atenção nela.

GARCIN

Não se trata dela. *(Pausa.)* Gomez está no jornal. Eles fecharam as janelas; é inverno. Seis meses. Há seis meses que me... Eu não te avisei que eu ia ficar alheio? Estão tremendo de frio; não tiraram os paletós... é esquisito que eles estejam com tanto frio do lado de lá, e eu aqui com tanto calor. Agora ele está falando de mim.

ESTELLE

Ainda vai demorar muito? *(Pausa.)* Me conta ao menos o que ele está falando.

GARCIN

Nada. Ele não está falando nada. É um safado, é isso que ele é. *(Aguçando os ouvidos.)* Um grande safado. Ah! *(Aproxima-se de Estelle.)* Voltemos a nós! Você vai gostar de mim?

ESTELLE *(Sorrindo.)*

Quem sabe?

GARCIN

Vai confiar em mim?

ESTELLE

Que pergunta boba. Você estará sempre sob meus olhos e não é com a Inês que você vai me trair.

GARCIN

Evidente. *(Pausa. Ele solta os ombros de Estelle.)* Eu estava falando de uma outra confiança. *(Ele escuta.)* Isso! Isso! Diga o que você está querendo: eu não estou aí pra me defender. *(Para Estelle.)* Estelle, você *tem que* confiar em mim.

ESTELLE

Que coisa complicada! Minha boca, meus braços, meu corpo inteiro são seus, tudo podia ser tão simples... Confiar em você? Mas eu não tenho confiança pra dar; você me perturba terrivelmente. Você deve ter se metido em uma bela enrascada pra ficar exigindo assim a minha confiança.

GARCIN

Me fuzilaram.

ESTELLE

Eu sei, e você se recusou a partir. E daí?

GARCIN

Não... não foi bem assim, não foi bem uma recusa. *(Aos invisíveis.)* Ele fala bem, reprova tudo; mas não diz o que eu tinha que fazer. Eu ia chegar pro general e dizer: "Meu caro general, eu não vou embora"?

Que besteira! Eles teriam me posto em cana. Eu queria denunciar, denunciar! Mas não queria que eles sufocassem a minha voz. *(Para Estelle.)* Eu... tomei um trem. Me pegaram na fronteira.

ESTELLE

Para onde você queria ir?

GARCIN

Pro México. Imaginava abrir um jornal pacifista por lá. *(Silêncio.)* Vai, diz qualquer coisa.

ESTELLE

O que você quer que eu diga? Você fez bem, já que não queria lutar. *(Gesto irritado de Garcin.)* Oh! Meu querido, não posso adivinhar o que você quer que eu responda.

INÊS

Meu tesouro, o que você tem que dizer é que ele fugiu feito um gatinho. Fique sabendo que o seu queridinho desertou. É isso que mata ele.

GARCIN

Desertar, partir: chamem como vocês quiserem.

ESTELLE

Você tinha mesmo que fugir. De outro modo, eles teriam botado a mão em você.

GARCIN

É claro. *(Pausa.)* Estelle, eu sou um covarde?

ESTELLE

Eu não sei nada disso, meu amor. Eu não estou na sua pele. Você é que tem que decidir.

GARCIN *(Com um gesto de cansaço.)*

Eu não consigo decidir nada.

ESTELLE

Afinal, você deve lembrar. Devia ter razões para agir como agiu.

GARCIN

É.

ESTELLE

E...

GARCIN

Será que esses são os verdadeiros motivos?

ESTELLE *(Com enfado.)*

Como você é complicado!

GARCIN

Eu queria denunciar, eu... eu pensei por muito tempo... será que esses são os verdadeiros motivos?

INÊS

Ah! Este é o problema. Será que esses são os verdadeiros motivos? Você pensava muito, não queria se engajar superficialmente. Mas o medo, o ódio e todo o lado sujo que a gente esconde também são motivos. Vamos, procura, se pergunta.

GARCIN

Cala a boca! Você acha que eu preciso dos seus conselhos? Eu andava na minha cela dia e noite. Da janela até a porta, da porta até a janela. Eu me espiava. Seguia meu rastro. Tenho a impressão de que eu fiquei a vida inteira me perguntando; mas, no final das contas, tudo estava feito. Eu... peguei o trem, isso é certo. Mas por quê? Por quê? No final, eu pensei: a minha morte é que vai decidir; se eu morrer dignamente, terei provado que não sou um covarde...

INÊS

E como foi que você morreu, Garcin?

GARCIN

Mal. *(Inês dá uma gargalhada.)* Foi um simples desfalecimento corporal. Não me envergonho disso. Só que tudo ficou em suspenso pra sempre. *(Para Estelle.)* Vem cá, me olha. Preciso que alguém me olhe enquanto eles falam de mim na Terra. Gosto de olhos verdes.

INÊS

Olhos verdes? Ora veja! E você, Estelle? Gosta de covardes?

ESTELLE

Se você quer saber: pra mim, tanto faz. Covarde ou não, se ele me beijar, está tudo certo.

GARCIN

Eles mexem a cabeça enquanto pegam os charutos. Eles pensam: Garcin é um covarde. Mas pensam de modo frouxo, sem convicção. Essa história de ficar pensando só por pensar: Garcin é um covarde. Olha o que os meus companheiros resolveram. Durante seis meses eles vão falar: covarde como o Garcin. Vocês duas têm sorte: ninguém mais vai pensar em vocês na Terra. Pra mim, a vida é mais dura.

INÊS

E a sua mulher, Garcin?

GARCIN

Ahn, o quê? Minha mulher? Ela morreu.

INÊS

Morreu?

GARCIN

Eu tinha esquecido de dizer. Ela morreu há pouco. Há cerca de dois meses.

INÊS

De desgosto?

GARCIN

É claro, de desgosto. Do que você acha que ela ia morrer? Vamos, está tudo bem: a guerra acabou, minha mulher está morta e eu entrei pra história.

Dá um suspiro seco e passa a mão na testa.
Estelle se pendura nele.

ESTELLE

Meu querido, meu querido! Olha pra mim, meu querido! Me toca, me toca. *(Estelle pega a mão dele e a coloca em seu seio.)* Põe sua mão no meu seio. *(Garcin faz um movimento para se desprender.)* Deixa a sua mão; deixa, não se mexa. Todos eles vão morrer, um a um. O que eles pensam não interessa. Esqueça-os. Não há nada além de mim.

GARCIN *(Soltando a mão.)*

Não, eles não me esquecem. Sim, eles vão morrer, mas outros virão para pegar a senha: deixei a minha vida nas mãos deles.

ESTELLE

Você pensa demais!

GARCIN

Que mais eu posso fazer? Em outros tempos, eu agia... Ah! Quem me dera voltar, um dia que fosse, para junto deles... Que desmentido! Mas estou fora do jogo. Eles fazem o balanço sem contar comigo; e com razão, pois estou morto. Arrasado feito um rato *(Ele ri.)* Caí na boca do povo.

Silêncio.

ESTELLE

Garcin!

GARCIN

Você está aí? Pois bem, escuta: você vai me fazer um favor. Não, não se afaste. Eu sei, parece esquisito pra você que lhe peçam ajuda, você não está acostumada. Mas se você quisesse, se fizesse um esforço, a gente podia se amar de verdade. Olha, são mil a repetir que sou um covarde. Mas o que são mil? Se houvesse uma alma, uma única alma, para afirmar, com todas as suas forças, que eu não fugi, que eu *não posso* ter fugido, que eu tenho coragem, que eu sou digno, acho... acho que eu estaria salvo! Você pode acreditar em mim? Eu iria gostar de você mais do que de mim mesmo.

ESTELLE *(Rindo.)*

Idiota! Meu querido idiota! Você acha que eu poderia amar um covarde?

GARCIN

Mas você dizia...

ESTELLE

Estava brincando contigo. Eu gosto é de homem, Garcin, de homem de verdade, pele áspera, mãos calejadas. Você não tem o queixo de um covarde, nem a boca de um covarde, nem a voz de um covarde, nem mesmo seus cabelos são de um covarde. É por causa da tua boca, da tua voz, dos teus cabelos que eu gosto de você.

GARCIN

De verdade? De verdade?

ESTELLE

Você quer que eu jure?

GARCIN

Agora, desafio a todos, os do lado de lá e os daqui. Estelle, a gente vai sair do inferno. *(Inês dá uma gargalhada. Ele para e olha para ela.)* O que foi?

INÊS

É que ela não acredita numa só palavra do que ela está dizendo. Como você pode ser tão ingênuo? "Estelle, eu sou um covarde?" Ah, se você soubesse como ela está de chacota com você!

ESTELLE

Inês. *(Para Garcin.)* Não dê ouvidos a ela. Se você quer a minha confiança, comece por me dar a sua.

INÊS

Sim, mas é claro! Confie nela. Ela precisa de um homem, pode crer, de um braço de homem segurando a sua cintura, de um cheiro de homem, de um desejo de homem nos olhos de um homem. No mais... ora, ela diria que você é Deus Pai, só pra te agradar.

GARCIN

Estelle, isso é verdade? Me responda, isso é verdade?

ESTELLE

O que você quer que eu diga? Não entendo nada desta conversa toda. *(Ela bate o pé.)* Como isso tudo me aborrece! Ainda que você fosse um covarde, eu ia gostar de você. Não é o bastante?

GARCIN *(Para as duas.)*

Vocês me dão nojo.

Dirige-se para a porta.

ESTELLE

O que você está fazendo?

GARCIN

Vou embora.

INÊS *(Rápida.)*

Você não vai longe: a porta está trancada.

GARCIN

Eles têm que abrir.

*Ele aperta o botão da campainha,
mas ela não funciona.*

ESTELLE

Garcin!

INÊS *(Para Estelle.)*

Não se preocupe; a campainha está estragada.
Garanto que eles vão abrir. *(Bate seguidamente na
porta.)* Eu não aguento mais vocês, não dá mais.
(Estelle corre para ele, mas ele a rechaça.) Sai! Você
me dá mais nojo que ela. Não quero ser sugado pelos seus olhos. Você é pegajosa, você é mole! Você

é um polvo, você é um pântano. *(Ele bate na porta.)* Vocês vão abrir?

ESTELLE

Garcin, eu te suplico, não vá embora. Eu não falarei mais com você, eu deixarei você totalmente sossegado; mas não vá embora. A Inês mostrou suas garras, eu não quero ficar sozinha com ela.

GARCIN

Tenha compostura. Eu não pedi pra você vir aqui.

ESTELLE

Covarde! Covarde! É verdade! Você é um covarde!

INÊS *(Se aproximando de Estelle.)*

E agora, minha cotovia, está contente? Cuspiu na minha cara pra agradá-lo, e brigamos por causa dele. Mas ele vai embora, o desmancha-prazeres, e vai nos deixar aqui, entre mulheres.

ESTELLE

Você não vai ganhar nada com isso; se essa porta se abrir, eu também fujo.

INÊS

Pra onde?

ESTELLE

Qualquer lugar. O mais longe possível de você.

Garcin não parou de bater incessantemente na porta.

GARCIN

Abram! Abram, vamos! Eu aceito tudo: as botinadas, os ferros, o chumbo quente, as pinças, o garrote, tudo que queima, tudo que estraçalha; quero sofrer pra valer. É melhor levar cem mordidas, chibatadas, ácido sulfúrico do que este sofrimento mental, este fantasma de sofrimento, que acaricia e nunca dói o bastante. *(Ele agarra a maçaneta da porta e a sacode.)* Vocês vão abrir? *(A porta se abre de repente, e ele quase cai.)* Ah!

Um longo silêncio.

INÊS

E então, Garcin? Pode ir.

GARCIN *(Lentamente.)*

Eu queria saber por que esta porta se abriu.

INÊS

O que você está esperando? Vá, vá, anda logo.

GARCIN

Eu não vou embora.

INÊS

E você, Estelle? *(Estelle não se move; Inês dá uma gargalhada.)* E aí? Quem? Quem de nós três? O caminho está livre, o que está nos impedindo, hein? É pra morrer de rir! Somos inseparáveis.

Estelle salta em cima dela por trás.

ESTELLE

Inseparáveis, né? Garcin! Me ajuda, me ajuda. A gente empurra ela pra fora e bate a porta na cara dela; ela vai ver só.

INÊS *(Se debatendo.)*

Estelle! Estelle! Te imploro, deixa eu ficar com você. No corredor, não, não me joga no corredor!

GARCIN

Solta ela.

ESTELLE

Você está maluco, ela o odeia.

GARCIN

Foi por causa dela que eu fiquei.

Estelle solta Inês e olha Garcin com espanto.

INÊS

Por minha causa? *(Pausa.)* Bem, fecha a porta. Fica dez vezes mais quente quando ela está aberta. *(Garcin vai até a porta e a fecha.)* Por minha causa?

GARCIN

Foi. Você bem sabe que eu sou um covarde.

INÊS

Sim, eu sei.

GARCIN

Você sabe o que é o mal, a vergonha, o medo. Houve dias em que você se viu até as entranhas — e isso te paralisava os braços e as pernas. No dia seguinte, você não sabia mais o que pensar, não conseguia mais decifrar a revelação da véspera. Sim, você sabe qual é o preço do mal. E se está dizendo que eu sou um covarde, é com conhecimento de causa, né?

INÊS

É

GARCIN

É você que eu preciso convencer: você é da minha laia. Você achou que eu ia embora? Eu não podia te deixar aqui, triunfante, com todos esses pensamentos na cabeça; todos esses pensamentos que me dizem respeito.

INÊS

Você quer mesmo me convencer?

GARCIN

Não posso fazer mais nada. Eu não os escuto mais, você sabe. Sem dúvida, eles encerraram o meu caso. Acabou: agora está arquivado; eu não sou mais nada na Terra, nem mesmo um covarde. Inês, aqui estamos sozinhos: não há mais ninguém além de vocês duas pra pensar em mim. Ela não conta;

mas você, você que me odeia, se você acreditar em mim, me salvará.

INÊS

Não será nada fácil. Olha pra mim: sou cabeça-dura.

GARCIN

Gasto todo o tempo que for preciso.

INÊS

Oh, você tem todo o tempo do mundo. *Todo* o tempo.

GARCIN *(Segurando-a pelos ombros.)*

Ouça, cada um tem seu objetivo na vida, não tem? Eu não estava nem aí pro dinheiro, pro amor. Eu queria ser um homem. Um durão. Apostei tudo só num cavalo. Será que é possível ser um covarde, se a gente escolheu os caminhos mais perigosos? Será que se pode julgar uma vida inteira por um único ato?

INÊS

E por que não? Durante trinta anos você sonhou que tinha coragem; e se permitia mil e uma fraquezas, pois tudo é permitido aos heróis. Como era cômodo!

E depois, no momento do perigo, te colocaram no paredão e... você pegou o trem para o México.

GARCIN

Eu não sonhei com esse heroísmo. Eu o escolhi. A gente é o que a gente quer ser.

INÊS

Então, prova! Prova que aquilo não era um sonho. Somente os atos decidem a respeito do que a gente quis.

GARCIN

Eu morri cedo demais. Não me deram tempo pra executar os *meus* atos.

INÊS

A gente sempre morre cedo demais — ou tarde demais. E, no entanto, a vida está lá, terminada: a linha está traçada, agora é fazer a soma. Você não tem nada além da sua vida.

GARCIN

Sua víbora! Você arranja resposta pra tudo.

INÊS

Vamos, tenta! Não perca a coragem. Deve ser fácil me convencer. Procura os argumentos, faz um esforço. *(Garcin dá de ombros.)* Ora, ora... eu disse que você era frágil. Ah! Agora você vai pagar caro. Você é um covarde, um covarde porque eu quero. Eu quero, ouviu? Eu quero! E, no entanto, veja como eu sou fraca, um sopro; não sou nada além do olhar que te vê, nada além do pensamento incolor que te pensa. *(Ele anda na direção dela, com as mãos abertas.)* Ah, elas se abrem, essas mãos grossas de homem. O que você está esperando? A gente não agarra os pensamentos com as mãos. Vamos, você não tem escolha: tem que me convencer. Eu te possuo.

ESTELLE

Garcin!

GARCIN

O quê?

ESTELLE

Se vinga.

GARCIN

Como?

ESTELLE

Me beija. Vai ouvir ela cantar.

GARCIN

É mesmo, Inês: você me possui, mas eu também te possuo.

Ele se curva sobre Estelle. Inês dá um grito.

INÊS

Ah! Covarde! Covarde! Vai! Vai se consolar com as mulheres.

ESTELLE

Canta, Inês, canta!

INÊS

O belo casal! Se você pudesse ver essa pata imensa achatada nas suas costas, roçando a carne e o vestido. As mãos dele estão molhadas, está transpirando. Ele vai deixar uma marca no seu vestido.

ESTELLE

Canta! Canta! Me aperta mais forte, Garcin; ela vai arrebentar.

INÊS

Mas é claro, aperta ela bem forte, aperta! Misturem seus suores. O amor é bom, né, Garcin? É morno e profundo como o sono. Mas eu vou te impedir de dormir.

Gesto de Garcin.

ESTELLE

Não dê ouvidos a ela. Toma minha boca; sou inteiramente sua.

INÊS

E aí? Está esperando o quê? Faz o que te dizem. Garcin, o covarde, tem nos seus braços Estelle, a infanticida. Façam suas apostas: Garcin, o covarde, vai beijá-la? Estou vendo vocês, estou vendo; sozinha sou uma multidão, a multidão. Garcin, a multidão, está ouvindo? *(Murmurando.)* Covarde! Covarde! Covarde! Covarde! É inútil tentar escapar, eu não te deixarei. O que você está procurando nesses lábios? O esquecimento? Mas eu não vou te esquecer. É a mim que você precisa convencer. A mim. Vem, vem! Estou te esperando. Está vendo, Estelle, ele solta o seu abraço, é dócil como um cachorrinho... ele não será teu.

GARCIN

Nunca mais vai ser noite?

INÊS

Nunca.

GARCIN

Você vai me ver pra sempre?

INÊS

Pra sempre.

Garcin deixa Estelle e dá alguns passos pelo quarto. Aproxima-se da estátua de bronze.

GARCIN

A estátua de bronze... *(Ele a acaricia.)* Pois bem, este é o momento. A estátua de bronze está aí, eu a contemplo e compreendo que estou no inferno. Eu garanto que tudo estava previsto. *Eles previram que eu ia ficar na frente desta lareira, passando a mão nesta estátua, com todos estes olhares sobre mim. Todos estes olhares que me devoram... (Ele se vira de repente.)* E vocês, são apenas duas? Ah, eu pensava que vocês seriam muito mais numerosas. *(Ri.)* Então, é isto o inferno. Eu não poderia acreditar... Vocês se lembram: enxofre, fornalhas, grelhas... Ah! Que piada. Não precisa de nada disso: o inferno são os Outros.

ESTELLE

Meu amor!

GARCIN *(Rechaçando-a.)*

Me deixa. Ela está entre nós. Não posso te amar enquanto ela me olha.

ESTELLE

Ah, pois bem, ela não vai mais nos ver.

Ela pega a faca em cima da mesa, avança para Inês e lhe dá vários golpes.

INÊS *(Se debatendo e rindo.)*

O que você está fazendo? O que você está fazendo? Você está maluca? Você está cansada de saber que eu estou morta.

ESTELLE

Morta?

Deixa cair a faca. Pausa. Inês apanha a faca e se golpeia com raiva.

INÊS

Morta! Morta! Morta! Nem faca, nem veneno, nem corda. *Já está feito*, entende? Estamos juntos pra sempre.

Ela ri.

ESTELLE *(Dando uma gargalhada.)*

Pra sempre, ai, meu Deus, que coisa impressionante! Pra sempre!

GARCIN *(Ri enquanto olha para as duas.)*

Pra sempre!

Eles se sentam, cada um no seu canapé.
Um longo silêncio. Param de rir e se olham.
Garcin se levanta.

GARCIN

Pois bem, continuemos.

PANO

Este livro foi composto na tipografia Bookman
Old Style, em corpo 10,5/15,6, e impresso em
papel off-white no Sistema Cameron da
Divisão Gráfica da Distribuidora Record.